D1528086

LA EXPERIENCIA DE CRIAR UN HIJO PERFECTAMENTE IMPERFECTO

LA EXPERIENCIA DE CRIAR UN HIJO PERFECTAMENTE IMPERFECTO

La historia inspiradora de cómo dos padres
superaron su dolor, miedos y dudas religiosas
para criar a un hijo exitoso y lleno de fe

BORIS VUJICIC
PRÓLOGO DE NICK VUJICIC

AGUILAR

FONTANAR

La experiencia de criar un hijo perfectamente imperfecto

Título original: *Raising the Perfectly Imperfect Child*
Publicado por acuerdo con WaterBook Press

Primera edición: septiembre de 2016

D. R. © 2016, Boris Vujicic

D. R. © 2016, derechos de edición mundiales en lengua castellana:
Penguin Random House Grupo Editorial, S.A. de C.V.
Blvd. Miguel de Cervantes Saavedra núm. 301, 1er piso,
colonia Granada, delegación Miguel Hidalgo, C.P. 11520,
Ciudad de México

www.megustaleer.com.mx

D. R. © 2016, María Andrea Giovine, por la traducción
D. R. Kristopher K. Orr, por el diseño de cubierta
D. R. © fotografías de interiores y de portada, cortesía de la familia Vujicic

ISBN: 978-607-31-4724-8

Impreso en México – *Printed in Mexico*

El papel utilizado para la impresión de este libro ha sido fabricado a partir de madera procedente
de bosques y plantaciones gestionadas con los más altos estándares ambientales, garantizando
una explotación de los recursos sostenible con el medio ambiente y beneficiosa para las personas.

Penguin
Random House
Grupo Editorial

Este libro está dedicado a todos aquellos que nos han ayudado a mi esposa y a mí a animar y apoyar a Nick a lo largo de los años, en especial a nuestros demás hijos, Aarón y Michelle, así como a nuestra nuera, Kanae, nuestros padres y demás miembros de la familia y, por supuesto, a Dios, nuestra fuente principal de fuerza a través de Jesucristo.

ÍNDICE

PRÓLOGO

Nací sin brazos ni piernas y mis discapacidades han representado muchos desafíos. Sin embargo, siempre he dicho que cualquiera que crezca sin el amor y el apoyo de sus padres tiene mucho más por superar que yo.

Mi padre y mi madre siempre estuvieron ahí para mí. Eso no significa que me consentían y me daban todo lo que quería. Como plantea mi padre en este libro revelador y lleno de sabiduría, mis abuelos y otras personas a menudo se preguntaban cómo era posible que mi madre no corriera ayudarme cuando intentaba pararme de bebé.

"Hay que dejar que descubra cómo", decía mi madre. "Necesita hacer las cosas por sí mismo."

Admito que esa forma de pensar a veces me molestaba, en especial cuando mis padres me pedían que me ganara mi mesada aspirando la casa, limpiando mi cuarto y haciendo mi cama.

Luego, hubo muchas noches largas en las que papá me taladraba con problemas de matemáticas mientras mis juegos de Nintendo me llamaban a jugar. Ahora entiendo que estaban siendo buenos padres. Se esforzaron por infundirnos a mí y a mis hermanos una fuerte ética de trabajo, responsabilidad personal y una fe sólida. También me dijeron casi todos los días que no había límites para mi vida. "No tienes brazos ni piernas, pero puedes hacer lo que tú quieras", decían.

Más adelante, mi mamá y mi papá debieron preguntarse si no habían tenido demasiado éxito en darme raíces y alas para convertirme en un adulto independiente. A los diecinueve años, anuncié que planeaba realizar mi primera gira internacional de conferencias. Había organizado un viaje a Sudáfrica con la meta de entregarles mis ahorros, veinte mil dólares, a los huérfanos necesitados de ese lugar.

Como te podrás imaginar, mis padres se opusieron firmemente a este audaz plan. Les preocupaba mi seguridad al viajar en una silla de ruedas por un lugar del mundo tan accidentado. Y estaban impactados de que abandonara a una edad tan temprana el nido que tan difícilmente había creado.

Les recordé que siempre me habían dicho que no había límites en mi vida y que todas las noches de mi infancia se habían asegurado de que rezara y le pidiera a Dios que ayudara a los niños pobres del mundo. "¡Ustedes plantaron estas semillas!", les dije.

No estaban contentos, pero no se opusieron. Mamá y papá a veces todavía se sorprenden por mis grandes sueños y mi espíritu aventurero, pero siempre me están animando y siempre están deseosos de ayudar.

Obviamente no son perfectos, pero, tomando prestado el título de este libro, son "perfectamente imperfectos". Cuantos más años pasan, más me doy cuenta de que las reglas y advertencias de mis padres que en mi adolescencia me molestaban en realidad eran señales de una madre y un padre atentos que me preparaban para tener una vida productiva y plena.

Sin embargo, ¡es un poco desconcertante pensar que mi padre ha tenido razón en casi todo aquello sobre lo que me advirtió, sobre lo que me dijo que tenía que tener cuidado y sobre lo que me dijo que no hiciera! Muchas veces pensé que estaba muy equivocado, pero al final resultó que tenía toda la razón.

Mi padre siempre parece estar tres pasos adelante de mí. Tengo la sensación constante de que nunca lo voy a alcanzar. A veces, de niño, me preguntaba si no era más de una persona o si tenía súper poderes. Tenía tres trabajos, fundó varias iglesias como pastor laico y ayudaba a mi mamá, que también trabajaba, a hacer todo lo posible para educar a su hijo discapacitado y a otros dos hijos inquietos. Sin embargo, cada vez que necesitábamos a papá, aparecía milagrosamente.

Eso sucedió la noche después de que intenté ahogarme en la tina y luego le conté a mi hermano menor mi plan de suicidarme antes de cumplir veintiún años. Mis papás no supieron sobre el intento de suicidio y tampoco mi hermano. Pero Aarón fue con mi papá y le comentó lo que yo había dicho sobre suicidarme antes de los veintiún años.

Mi papá fue a mi cuarto y me habló con mucha calma. Me tranquilizó diciendo que mamá y él me amaban, que mis hermanos me amaban y que Dios también me amaba.

Luego, se sentó en mi cama y me acarició el cabello con dulzura hasta que me quedé dormido. Nunca lo olvidaré.

Bueno, pero también chocamos porque somos muy parecidos. Somos igual de intensos y tenemos el mismo temperamento lleno de determinación. Cuando anunciamos que Kanae estaba embarazada de nuestro primer hijo, sonrió y dijo: "Ahora verás lo que es ser padre."

Una vez más, papá tuvo toda la razón. Le digo a mi hijo, Kiyoshi, que recoja sus juguetes. Un día le pediré que haga tareas domésticas para ganarse su mesada. Por las noches, le recuerdo que rece y le pida a Dios que ayude a los niños pobres del mundo. Luego, apoyo la barbilla sobre su cabeza y lo acaricio hasta que se queda dormido. Espero que nunca lo olvide.

Los hijos perfectamente imperfectos se vuelven padres perfectamente imperfectos. Rezo para que Dios me conceda ser tan buen padre como fueron mi mamá y mi papá. Cuando Kiyoshi se me acerque a los diecinueve años y anuncie que va a viajar a algún lugar lejano para darles todos sus ahorros a los huérfanos, le diré: "¡Yo voy contigo!"

Gracias por todo, mamá y papá. Me prepararon para una vida ridículamente buena. Me animaron a ir tras una vida sin límites y me enseñaron a amar sin límites.

Kanae y yo haremos lo mismo por nuestros hijos.

Con amor,
Nick

1. EL HIJO PERFECTAMENTE IMPERFECTO
Acepta, ama y aprende de tu hijo,
que es único en el mundo

Mi esposa, Dushka, y yo estábamos emocionados y bastante nerviosos. En las pruebas prenatales parecía que todo estaba bien con el bebé. No había habido ningún problema durante el embarazo. Cuando el bebé nos hizo saber que estaba listo, mi esposa entró a la sala de partos con el doctor y las enfermeras. Yo rezaba mientras esperaba que me llamaran para verla, sumando esas oraciones a los cientos que había ofrecido durante los meses anteriores.

Dushka era enfermera y partera. Los dos estábamos conscientes de los problemas potenciales que pueden surgir durante el embarazo y el parto. Muchas cosas pueden salir mal. A menudo he pensado que un parto normal es un milagro.

Como era primeriza, sabíamos que el parto podía tomar mucho tiempo. Y así fue. Pasaron doce horas de trabajo de parto antes de que me llamaran y me permitieran entrar. Lo primero que me impactó fue la alegría en los ojos de mi esposa. Yo compartí su euforia al mirar la pequeña forma que descansaba sobre el pecho de su madre: un niño con dos brazos, dos piernas y un hermoso rostro.

Era un hermoso hijo de Dios, perfectamente formado.

¡Nuestro primer nieto!

Mi radiante hijo, Nick, el orgulloso padre, estaba a un lado de la cama de su esposa, Kanae, la mamá. ¡Era un milagro! Nick estaba eufórico, tan feliz que parecía levitar sobre su esposa y su hijo recién nacido, acariciándolos con la barbilla, besándolos y asegurándose de que eran reales. Por fin, su propia familia.

Era un momento con el que Nick, Dushka y yo apenas nos habíamos atrevido a soñar. Temíamos que como había nacido sin brazos ni piernas, Nick nunca encontraría una esposa ni formaría una familia. Pero, luego de dos cortos años, lo que había parecido imposible se había vuelto realidad. Nick había conocido y se había ganado el corazón de una hermosa, dulce y espiritual joven cristiana, Kanae Miyahara.

Un año y un día después de que se casaron, nació su hijo Kiyoshi.

TOMADOS POR SORPRESA

Siete meses antes, Kanae y Nick habían hecho su mejor esfuerzo para que el anuncio sorpresa de su embarazo fuera memorable... y vaya que lo lograron. Nos reunimos en casa de Nick y Kanae para organizar un festejo atrasado del día del padre porque Nick había estado de viaje. Nuestra hija, Michelle, estaba de visita así que fue con nosotros a esa maravillosa cena preparada por Kanae. Luego del plato principal, Kanae trajo un pastel. Nos preguntamos si había perdido su habitual toque de elegancia como excelente decoradora. La mitad estaba cubierta de betún azul. La otra mitad era rosa. No teníamos idea del propósito de ese esquema de colores. Agarramos el pastel, pero no agarramos la onda de lo que había detrás.

Ni siquiera entendí el secreto cuando Kanae me preguntó: "¿Quieres una rebanada azul o una rebanada rosa?"

"Azul", respondí.

Dushka tampoco entendió la pista. De hecho, no quiso pastel.

Yo ya había comenzado a comer mi pastel azul cuando Kanae dijo riendo: "Bueno, obviamente mis pistas no funcionan con ustedes."

Como siempre, yo estaba muy rezagado en la curva de aprendizaje, pero Dushka y Michelle gritaron: "¡Estás embarazada!"

El simbolismo no tan sutil del pastel azul y rosa por fin fue claro para el despistado suegro. Me entregué a la celebración por el día del padre; era la primera vez que compartía el papel principal con mi hijo, el futuro padre.

Nuestro primer día del padre compartido realmente fue uno de los días más importantes de mi vida y fue aún más dulce por el viaje emocional que habíamos realizado con Nick a lo largo de su infancia y de su paso a la adultez. No teníamos idea de que Nick nacería sin brazos ni piernas y, aunque los médicos nos tranquilizaron miles de veces diciendo que no era un rasgo hereditario, realmente nos sentimos aliviados cuando Kiyoshi nació sin ningún problema en las extremidades.

La llegada de nuestro nieto se llevó cualquier dolor que hubiera podido quedar por la tristeza y el miedo que experimentamos cuando su padre nació. Había un gran contraste entre esos dos acontecimientos de nuestras vidas. Y era un gran alivio que Dios tuviera planes distintos para nuestro nieto.

No obstante, para cuando Kiyoshi nació, yo había logrado desarrollar una visión muy distinta de lo que es un ser humano perfectamente constituido. Mi esposa y yo habíamos sido cristianos toda la vida y, sin embargo, cada uno de nosotros experimentó una crisis de fe cuando Nick nació. No podíamos creer que un Dios amoroso nos impusiera la carga de un hijo con una discapacidad tan severa. ¿Nos estaba castigando por razones que ninguno de los dos conocía?

Luego entendimos que nuestra reacción era típica de los padres de hijos discapacitados, pero en esa época nos faltaba perspectiva. También carecíamos del poder de mirar a futuro y ver lo que Nick tenía reservado, pues al final resultó ser una increíble bendición, no sólo para nuestra familia, sino para millones de personas de todo el mundo.

Hecho maravillosamente

Con nuestra visión limitada, lo único que Dushka y yo podíamos prever eran dificultades y angustias para Nick y para nosotros. Por supuesto, estábamos equivocados. Nuestro hijo y nuestras experiencias con él han enriquecido nuestras vidas infinitamente y nos han enseñado muchas lecciones que se encuentran en el corazón de este libro.

Nick nos dio una nueva definición del hijo ideal y nos hizo apreciar de manera más profunda la complejidad de la visión divina de nuestro Padre.

Nick nos enseñó a encontrar un nuevo sentido en el salmo que dice: "maravillosamente hecho". Llegamos a considerar a Nick como una hermosa creación de Dios, hecha con amor a Su imagen y semejanza. En un inicio, nos faltó sabiduría para entenderlo. Pensamos que Nick estaba imposibilitado en lugar de posibilitado. No podíamos entender que el no tener brazos ni piernas era parte del plan de Dios para nuestro hijo.

Cuando las personas de todo el mundo ven a Nick, entienden de inmediato que tuvo que superar importantes desafíos físicos y emocionales. Pueden imaginar lo que debió implicar crear una vida tan positiva y admirable como un conferencista y evangelizador que viaja por el mundo para ayudar a los demás y darles esperanza. Por esa razón, cuando Nick habla y transmite mensajes de inspiración y de fe, se sienten conmovidos en formas profundas y que cambian su manera de ver la vida.

Dushka y yo sabemos que Nick, Kiyoshi y todos los niños están perfectamente formados. Nos tomó mucho tiempo entenderlo. Pasamos por muchos días y noches difíciles intentando llegar a ese entendimiento. Los puntos bajos eran realmente profundos. No obstante, todo el dolor y frustración por los que pasamos mientras educábamos a nuestro admirable hijo han hecho que sus victorias y logros sean aún más dulces y significativos.

DOS NACIMIENTOS MUY DIFERENTES

La llegada del primer nieto es un momento especial para cualquier abuelo. Cuando vi a Nick colocar su frente en la de su hijo recién nacido y acariciarlo por primera vez, mi alma se estremeció.

El nacimiento de Nick fue un enorme impacto y algo muy aterrador. El de Kiyoshi fue justo lo contrario: una experiencia increíblemente dichosa.

Kiyoshi nació con un cuerpo normal y, por tanto, parecía perfecto a los ojos de todos los que lo veían. No obstante, así como no teníamos idea de la vida que Nick crearía, no podemos prever lo que Dios tiene en mente para nuestro nieto. ¿Nuestro nieto "perfecto" será capaz de continuar y superar los logros de su padre "imperfecto"? Son unos zapatos muy grandes por llenar, pero no creo que eso realmente importe. Quiero que Kiyoshi sea feliz y se sienta satisfecho según sus propios deseos y expectativas.

Lo importante, creo yo, es que no impongamos límites a nuestros hijos. No debemos cargarlos con nuestras expectativas, porque nuestra visión no corresponde a la de nuestro Creador. Existe la tendencia a pensar que un vaso puede estar medio lleno o medio vacío, pero hay una tercera opción: el vaso siempre está lleno. Puede que no esté lleno de un líquido, pero lo que no es líquido es oxígeno. Por lo general, medimos sólo lo que podemos ver. La verdad de las cosas a menudo nos está velada, como el oxígeno invisible que llena el vaso.

Cuando Nick nació, su camino en la vida parecía muy complicado. No logramos mostrar la capacidad humana de levantarnos y elevarnos por encima de nuestras circunstancias. Beethoven perdió poco a poco el oído durante los últimos veinticinco años de su vida, tiempo en que compuso algunas de sus sinfonías más renombradas.

Estaba discapacitado desde el punto de vista de la audición, pero no escribía a partir de lo que escuchaba; creaba música desde el corazón. En sus cuarenta años de carrera como físico teórico y escritor, Stephen Hawking ha luchado a pesar de estar severamente discapacitado e incluso, al final, paralizado por la enfermedad de la neurona motora. De hecho, no tiene brazos, ni piernas, sólo un caparazón de cuerpo. El corazón es lo que de verdad importa. La fuerza de nuestro espíritu puede superar casi cualquier debilidad del cuerpo.

Con el tiempo, nuestro hijo nos reveló lo que no podíamos ver cuando mirábamos a ese querubín sin brazos ni piernas en la maternidad. Nos hizo humildes y nos obligó a abrir los ojos y la mente. Nick parecía incompleto al nacer, pero era nuestra percepción la que estaba defectuosa.

MIEDO VS. FE

Después de que Nick nació, Dushka y yo sentimos una gran inquietud, no sólo por sus limitaciones, sino también por las nuestras. No nos sentíamos capaces en lo absoluto de proveer las necesidades básicas de un niño así, sin mencionar educarlo para convertirse en un adulto feliz, autosuficiente y que pudiera alcanzar muchos logros.

Sin lugar a dudas, no hemos sido padres perfectos para Nick ni para nuestros otros dos hijos, Michelle y Aarón. Dushka y yo tenemos nuestras fortalezas, en particular nuestra fe compartida, pero fuimos puestos a prueba en todas las maneras posibles cuando estábamos educando a Nick. La fortaleza de nuestro amor mutuo también fue puesta a prueba muchas veces, en ocasiones casi hasta romperse.

Sin embargo, con ayuda de Dios, llevamos a Nick a convertirse en adulto. Quisiera decir que lo moldeamos para convertirse en el hombre que es hoy. La verdad probablemente está más cerca de que tuvimos éxito en no arruinar al hombre que Dios creó y en el que quería que Nick se convirtiera. Admito de verdad que, por ejemplo, Nick encontró su misión como orador motivacional y evangelizador sin ninguna guía ni ningún apoyo de mi parte. Yo no veía en él ese potencial, pero no intenté detenerlo una vez que él creyó que era posible. Estoy muy agradecido por eso.

Pero sí sugerí que tuviera un plan de respaldo e insistí mucho en que adquiriera la formación necesaria para apoyar el plan de respaldo en caso de ser necesario. Nick no me lo agradeció en ese momento, pero ahora sí. Por supuesto, lo hice por amor y porque era nuestra responsabilidad paterna guiar a Nick, a veces a ciegas, a veces con una intención.

Comenzamos nuestro viaje con Nick con una idea muy estrecha de lo que le faltaba. No obstante, con el tiempo, esa visión cambió porque Nick pareció encontrar formas de hacer lo que necesitaba o lo descubrió con nuestra ayuda. Poco a poco nuestra idea cambió de lo que Nick no podía hacer a lo que sí podía hacer. Ese sencillo cambio de enfoque hizo una gran diferencia en nuestros sentimientos y en nuestra manera de abordar a diario la paternidad.

Muchos padres cuyos hijos tienen discapacidades severas se acercan a nosotros cuando asistimos a algún evento con Nick. Otros nos escriben cartas o correos electrónicos. La mayoría me dan más inspiración de la que yo podría proporcionarles. Sin embargo, el simple hecho de saber que no estás solo y que otros comparten tus sentimientos y miedos te puede dar tranquilidad y consuelo. Agradezco la oportunidad de ayudar a otros padres en cualquier forma posible. En ese sentido, ser el padre de Nick me ha traído grandes recompensas.

BENDECIDOS DE PODER COMPARTIR

En la primavera de 2014, Dushka y yo viajamos a Vietnam para asistir a un evento en un estadio en donde se iba a presentar Nick, quien para entonces ya era un orador motivacional, un evangelizador y un escritor muy conocido con millones de libros vendidos en todo el mundo. Con más de 7.5 millones de seguidores en Facebook, 350 000 en Twitter y por lo menos 29 videos en You-Tube, muchos con uno a cuatro millones de vistas cada uno, Nick se ha convertido en uno de los individuos discapacitados mejor conocidos y más queridos del mundo.

Gracias a Nick, los padres con hijos discapacitados o con necesidades especiales se acercan a nosotros. Saben que hemos pasado por lo mismo que ellos están experimentado y tienen muchas preguntas, al igual que nosotros. Cuando comenzamos nuestro viaje con Nick, esas preguntas nos mantenían despiertos y temblando durante la noche:

- ¿Cómo haremos para mantener con vida a este niño?
- ¿Algún día será capaz de alimentarse o vestirse solo?
- ¿Su mente también está dañada?
- ¿Cómo lo vamos a educar?
- ¿Nuestro hijo tendrá una vida normal?

- ¿Cómo podemos ayudarlo a ser autosuficiente?
- Si tenemos más hijos, ¿tendrán los mismos problemas?
- ¿Cómo le explicamos sus discapacidades? ¿Cómo se las explicamos a sus hermanos y a otros niños?
- ¿Cómo le enseñamos a un niño con tantas dificultades a amar a Dios y a saber que Dios lo ama?
- ¿Cómo le damos esperanza y un espíritu fuerte a este niño?
- ¿Cómo llegaremos a tener la fortaleza y los recursos que necesitamos para guiar a este niño?

Dushka y yo nos sentimos conmovidos, a menudo hasta las lágrimas, por las historias que otros padres nos cuentan. Y la mayoría de las veces nos sentimos agradecidos por la oportunidad de proporcionarles esperanza, así como un modelo para educar a un hijo con una discapacidad física para que se convierta en un adulto pleno y bien equilibrado.

A menudo Nick dice que, aunque nunca recibió el milagro que esperaba de niño —estar completo con brazos y piernas— Dios lo ha puesto en la posición de servir como un milagro para los demás, para darles inspiración y animarlos a tener fe. Mi esposa y yo hemos sido bendecidos más o menos de la misma manera. Rezamos para que Nick tuviera extremidades después de su nacimiento y durante muchos años. Como podrás imaginar, también oramos pidiendo sabiduría o por lo menos que alguien nos guiara en nuestros esfuerzos de educar a un hijo que enfrentaba un futuro muy desalentador.

Durante la infancia de Nick, nunca encontramos a otros padres que hubieran criado a un hijo que hubiera nacido sin extremidades, así que la ayuda y los consejos que esperábamos no llegaron. Tuvimos que descubrirlo nosotros mismos a través de mucho ensayo y error. En consecuencia, nos sentimos agradecidos por ser capaces de proporcionar a los padres de niños discapacitados ánimo, guía y consejos prácticos con base en nuestra experiencia.

BENDICIONES ILIMITADAS

Reflexioné sobre esta experiencia durante nuestro viaje a Vietnam para ver a Nick. En ese país tan distinto al que yo conocía, sentí paz y gratitud al ver que miles de personas ovacionaban a su héroe, nuestro hijo. Dushka y yo vimos sorprendidos cómo la gente del público buscaba el mejor lugar para tomarle una fotografía, hablar con él, tocarlo o abrazarlo.

Durante varios años después de que Nick nació, Dushka y yo nos permitimos albergar pocas esperanzas hacia su futuro. No podía imaginar que pudiera crecer y convertirse en un hombre tan fuerte y tan pleno, sin mencionar en esposo y padre. Nick es la prueba de que ninguno de nosotros estamos limitados por nuestras circunstancias y de que todos podemos crear una vida significativa, satisfactoria y feliz, si elegimos enfocarnos en nuestros dones en vez de en lo que no tenemos. Todos somos imperfectos. Todos somos perfectos.

Mi hijo ha escrito sobre todos esos temas en sus libros, que se han vendido con gran éxito en todo el mundo. Mi enfoque para este libro es desde una perspectiva distinta: la de un padre de familia. Mi esposa y yo nunca diríamos que teníamos talentos especiales para la paternidad. No estábamos preparados casi en ningún sentido cuando Nick llegó. Ambos provenimos de familias de inmigrantes que enfrentaron persecución religiosa, así que tenemos un poco de resistencia y fuerza interior en nuestros genes. Sin embargo, el éxito de Nick como adulto se debe por completo a nuestro admirable hijo y al increíble poder de Dios. ¿Qué tan equivocado puede estar un padre de familia? Bueno, resulta que puedo estar muy equivocado y eso es cierto para todos los padres de familia. Todos podemos ser ciegos al potencial de nuestros hijos, incluso si no han nacido con una discapacidad. Siempre he pensado que soy un hombre de mucha fe. He servido como pastor laico y he fundado varias iglesias. No obstante, cuando mi hijo nació sin brazos ni piernas, no confié en que Dios tenía un plan para él, un plan que rebasaría por mucho cualquier cosa que mi esposa y yo hubiéramos imaginado.

Nick nos mostró el camino. Incluso siendo niño, nos enseñó que su valor y su potencial estaban más allá de nuestra limitada visión. Nuestro hijo es prueba de que, a través de la fe y la determinación, todo es posible. Y Nick no está solo en cuanto a la demostración de este punto.

Como observamos en ese viaje a Vietnam y en muchos más que hemos hecho con nuestro hijo, Nick es un imán para otras personas discapacitadas. Nos hemos sentido abrumados e inspirados por hombres, mujeres y niños que han superado retos mentales, emocionales y físicos increíbles para levantarse e ir más allá de sus limitaciones y circunstancias.

Aunque mi esposa y yo una vez nos preguntamos si Dios nos estaba castigando al darnos un hijo sin brazos ni piernas, hemos logrado entender el regalo que él es para nosotros y para el mundo. De hecho, gracias a Nick sabemos con seguridad que las Escrituras están en lo correcto cuando dicen que "para quien cree, todo es posible". Más que nunca, comprendemos que lo que es imposible para los hombres es posible para Dios.

Una vez estuvimos devastados, pero ahora Dushka y yo estamos orgullosos y nos sentimos honrados de ser los padres de Nick. Nos sentimos muy agradecidos de que Dios nos usó como guías y elementos de apoyo para una persona tan valiente, persistente, leal y amorosa. Nuestro mayor regalo a través de Nick, más que cualquier otro, con excepción quizá de nuestros nietos Kiyoshi y Dejan, ha sido el honor de servir como fuentes de esperanza, inspiración y guía para otros padres de niños discapacitados.

Este libro pretende ser de utilidad para todos los padres que se sienten abrumados o sin las herramientas suficientes y en especial para las madres y padres que tienen hijos discapacitados o con necesidades especiales. La meta principal es iluminar el camino para un mañana más brillante, de modo que tú, a tu vez, puedas guiar a tu hijo para que logre lo máximo posible de la vida.

Animo a todos los padres de familia a rechazar las etiquetas y a ver directo al corazón de sus hijos. Maestros, médicos y psicólogos ponen etiquetas a los niños porque eso es lo que saben hacer, pero no saben lo que está dentro del individuo a quien han clasificado como "de lento aprendizaje", "disléxico", "con síndrome de Down", "discapacitado" o "con necesidades especiales".

Siempre combatimos cualquier intento de etiquetar o marginar a Nick porque queríamos que nuestro brillante e imparable hijo tuviera todas las oportunidades posibles de demostrar su valor al mundo. Las valoraciones, percepciones y prejuicios subjetivos son ilusorios. Todos los niños tienen fortalezas y debilidades y pueden sorprenderte de muchas maneras. Nuestro deber es educarlos, animarlos y motivarlos y ayudarles a capitalizar sus fortalezas.

Dushka y yo sabemos lo que es cargar el peso constante de la culpa, la frustración y la incertidumbre que acompañan el nacimiento de un niño con necesidades especiales y discapacidades. Nuestras experiencias con Nick nos enseñaron a ser pacientes, flexibles, perseverantes y nos dieron una fe más profunda que nunca antes.

Enseñar con el ejemplo

Otro punto importante que quiero enfatizar es que la clave para educar a cualquier hijo para que se convierta en un adulto exitoso es darle a ese niño un modelo a seguir. Como dice el famoso poema de Edgar Guest: "Hay unos ojitos sobre ti y te observan noche y día." Tu manera de vivir es mucho más importante que cualquier cosa que le digas a tu hijo. Los niños son muy observadores y te harán saber cada vez que tus acciones no correspondan a tus palabras.

Idealmente, todos los niños están hechos para la vida que Dios previó y para la cual los creó. El pecado y el mal pueden boicotear los planes de Dios, así que depende de nosotros ayudar a nuestro hijo a descubrir y cumplir esos planes. La guía que proporciona este libro incluye y desglosa lo que Dushka y yo hemos aprendido y compartido en el camino en las siguientes áreas específicas:

- Comprender que todos los hijos de Dios están hechos perfectamente y mantener un enfoque positivo y proactivo como padres de niños discapacitados y con necesidades especiales.
- Permitirte tener un duelo sin culpa al descubrir la discapacidad de tu hijo.
- Aceptar y ajustar tus expectativas sin perder el ánimo ni la esperanza, a pesar de lidiar con el estrés adicional y los costos de educar a un hijo con necesidades especiales.
- Mantener una mente abierta, escuchar y observar de modo que tu hijo pueda enseñarte a ser el mejor padre posible.
- Aprender a ser el mejor abogado médico de tu hijo y a hacer las preguntas adecuadas a los profesionales.
- Asegurarte de que todos tus hijos reciban el amor y la atención que necesitan y merecen, porque los hermanos de niños con necesidades especiales con frecuencia se sienten desatendidos, culpables u obligados a ser "hijos excepcionales" para sus abrumados padres.
- Elegir los mejores métodos para educar a tu hijo y lidiar con las dificultades que conlleva cualquier sistema o burocracia.
- Preparar a tu hijo para el mundo al tiempo que te preparas a ti mismo para soltar, lo cual incluye crear cimientos emocionales sólidos para lidiar con las inseguridades y el *bullying,* permite a tu hijo cometer errores y experimentar el fracaso para poder crecer y convertirse en el adulto más autosuficiente y productivo posible.

- Maximizar la comunicación, buscando la comprensión y pasando tiempo juntos como pareja y como familia para apoyarse unos a otros y educar y a amar a su hijo.

- Apoyarte en tu fe. En nuestro matrimonio, hemos experimentado el poder de la oración y todas las parejas que están criando a un hijo deberían sentirse en libertad de pedir ayuda o guía espiritual.

Vaya a donde vaya Nick, sus admiradores y la gente que lo apoya hace filas durante horas para conocerlo y abrazarlo. En algunas ciudades, han tenido que cerrar ciertas calles porque había demasiadas personas que querían verlo. A menudo nos preguntamos cómo lo educamos para ser un hombre tan optimista, decidido, pleno y lleno de fe a pesar de sus dificultades y discapacidades. Este libro es mi respuesta a esa pregunta.

Después de Dios, Nick es quien más crédito merece. La manera en que mi hijo se aproxima a la vida ofrece un fuerte testimonio del poder de la fe y del espíritu humano. Cuando tu hijo tenga edad de leer y comprender, te animo a que le facilites los libros y videos de Nick. Permite que tu hijo vea que alguien que nació con un cuerpo imperfecto puede convertirse en un hombre con una misión perfecta, un hombre que vive, como él dice "una vida ridículamente buena".

Ideas para llevar

- La discapacidad de tu hijo no define en quién se convertirá.
- Tus primeras percepciones con respecto a criar a tu hijo no serán tu realidad. Con el tiempo, la realidad es mucho más satisfactoria de lo que habías pensado.
- A menudo, lo que a primera vista parece una gran carga resulta ser un increíble regalo.
- Ten la certeza de que muchos otros padres han pasado por esto. Busca su consejo y su apoyo cada que puedas.
- Sólo sabes lo que has experimentado en el pasado; anhela lo que estás por aprender.
- Ten fe en que encontrarás la fortaleza y el apoyo que necesitas si te abres a recibirlos.

2. UN NACIMIENTO IMPACTANTE
Permítete tener un duelo
y date tiempo para recuperarte

Ninguna pareja espera que un dolor incesante sea la emoción más fuerte por el nacimiento de su primer hijo. Incluso, me siento incómodo poniéndolo por escrito, en especial porque al final nuestro hijo trajo mucha alegría a nuestra vida y a la de millones de personas en todo el mundo.

No obstante, quiero que otros padres de hijos discapacitados y con necesidades especiales sepan que el dolor es una reacción común y comprensible en un inicio. Al final, me di cuenta de que mi sufrimiento no era tanto por el hecho de que Nick había nacido "imperfecto", sino por la pérdida del hijo "perfecto" que estábamos esperando.

Muchos padres de familia me han contado que pasaron por experiencias muy similares y todos ellos, al igual que yo, se sintieron culpables y confundidos por esa reacción. Yo aprendí a perdonarme por tener esos pensamientos y sentimientos, y animo a otros a hacer lo mismo. Todos somos humanos. Pocos tenemos la fuerza del Job de la Biblia.

Dushka, que tenía veinticinco años, fue a su último ultrasonido ocho semanas antes de que Nick naciera. Durante el proceso, la técnica dijo que nuestro hijo era sin duda alguna un niño. Señaló la pantalla en la máquina de ultrasonido y dijo: "Miren, es fácil determinar el sexo de su bebé porque sus piernas no están estorbando."

En ese momento, su comentario parecía normal y no detonó ninguna preocupación, pero luego, al recordarlas, sus palabras se volverían un fantasma. Dushka le había preguntado a su médico durante el embarazo porque pensaba que el bebé parecía un poco más pequeño de lo habitual y parecía estar ubicado en la parte baja del vientre. Él nos tranquilizó diciendo que todo parecía normal.

No teníamos razón alguna para dudar de los profesionales de la medicina porque Dushka era una de ellos y respetaba sus opiniones. Además, había tomado todas las precauciones durante el embarazo. Nunca había fumado y no había consumido nada de alcohol ni había tomado ningún medicamento durante el embarazo.

Cuando Dushka entró en labor de parto, se negó a tomar analgésicos. Al inicio, todo salió como se esperaba. Yo estaba con ella en la sala de partos junto con los médicos y enfermeras. Hubo un momento de tensión al principio cuando una de las parteras se dio cuenta de que el bebé estaba en una posición difícil, con la cabeza y el cuello ligeramente extendidos, de tal manera que el área más grande de la cabeza tenía que encajar por la pelvis durante el parto. Con frecuencia, un bebé encaja la barbilla cuando comienza el parto, lo cual es la posición deseada, pero, si permanece en esa posición difícil, los médicos practican una cesárea porque es más seguro.

Nos sentimos aliviados cuando un poco después la partera descubrió que el bebé había movido la cabeza a la posición más deseable. En ese punto, yo estaba extremadamente feliz de haber disuadido a Dushka de su deseo de dar a luz en casa a nuestro primer hijo conmigo como apoyo en el parto. Yo no quería ser responsable de tener que manejar ninguna complicación en el proceso del parto sin contar con todo un equipo de médicos y los recursos de un hospital.

Mi sensación de alivio duró poco. El médico de la sala de partos usó fórceps para jalar a Nick a través del canal. Su cabeza y su cuello salieron y de inmediato noté que el hombro de nuestro hijo se veía inusual. Primero el hombro parecía tener una forma poco común y luego vi que parecía no tener brazo.

Era difícil asegurarlo desde donde me encontraba. El equipo de médicos se movió y me bloqueó la vista, así que sólo vi por un instante esa parte del cuerpo de nuestro bebé antes de que lo llevaran a una esquina alejada de la sala para examinarlo mejor. No decían nada.

No quería creer lo que había visto. Mis pulmones parecieron quedarse sin aire. Dushka todavía no había visto a nuestro bebé. Su visión también había estado bloqueada. Después del parto, esperaba que la enfermera regresara rápidamente con el bebé y lo colocara sobre su pecho, que era la práctica habitual. Cuando eso no sucedió, Dushka comenzó a preocuparse.

—¿El bebé está bien? —preguntó.

Todavía escucho su voz temblorosa en mis sueños. La pregunta sólo recibió silencio. El médico y las enfermeras estaban reunidos alrededor de nuestro hijo en una esquina de la sala de partos.

Dushka preguntó otra vez, con un tono más urgente. Otra vez no hubo respuesta.

Mi mente intentaba procesar frenéticamente lo que creía que había visto durante el parto. Había pasado tan rápido… Me preguntaba si realmente había visto un hombro sin brazo. Cuando el equipo médico se negó a responderle a Dushka, me sentí mareado y con el estómago revuelto. Un miembro del equipo se dio cuenta y me acompañó a la puerta sin decir ni una palabra.

Mientras salía de la sala de partos, escuché que una de las enfermeras pronunciaba una palabra extraña: *focomelia*. No tenía idea de lo que significaba, pero me aterrorizó. Me senté en el patio con las manos cubriéndome el rostro. No sabía qué estaba sucediendo, pero podía sentir que algo estaba muy mal.

Me pareció que había pasado mucho tiempo antes de que el pediatra saliera. Me dijo que habían sedado a Dushka y que estaba descansando.

—Necesito hablar con usted sobre su bebé —me dijo.

Yo interrumpí sus palabras diciendo:

—No tiene brazo.

—Su hijo no tiene brazos ni piernas —dijo el doctor.

—¿Qué? ¿Ni brazos ni piernas?

Asintió con gravedad. Luego me explicó que *focomelia* es el término médico que se usa para referirse a los miembros que tienen una severa malformación. Nunca me han golpeado en la cabeza, pero imagino que el impacto al cerebro debe ser similar a como me sentí en ese momento. Lo primero que pensé fue en hablar con Dushka antes de que alguien más se lo dijera. Me levanté y el pediatra me puso una mano en el hombro para tranquilizarme mientras regresábamos adentro. Mi mente iba a toda velocidad, no obstante, mi cuerpo se sentía entumido, mis huesos vacíos y mis venas sin sangre.

Intenté pensar cómo podía darle esas impactantes noticias a mi esposa, pero, cuando entré al cuarto, el sonido de su llanto me dejó claro que alguien ya se lo había dicho. Eso me molestó. Yo quería estar ahí para apoyarla y consolarla cuando se enterara. Era demasiado tarde. Me incliné y la abracé, acariciando su espalda y sus hombros, intentando absorber su dolor y calmar su angustia. Su cuerpo se convulsionó en sollozos y, pronto, yo también lloraba.

Dushka seguía aturdida por las horas de labor de parto y el sedante. Después de unos minutos se calló y me di cuenta de que se había quedado dormida. La dejé, esperando que pudiera descansar y recuperar fuerzas antes de despertar y enfrentar las difíciles decisiones que nos esperaban.

Mientras Dushka dormía, fui al cunero y observé a mi hijo de cerca por primera vez. Estaba entre un grupo de recién nacidos envueltos en cobijas. Estaba durmiendo y se veía muy tierno, como un típico recién nacido adorable, inocente e ignorante de que había algo distinto en él.

Una enfermera me llevó a Nick y lo cargué por primera vez. Me asombró que se sintiera tan pesado, muy sólido y fuerte. Pesaba 2.7 kilogramos y su firmeza me sorprendió y me consoló. Parecía un bebé normal y adorable.

Cargarlo hizo surgir emociones encontradas. Me moría por quererlo. Podía sentir cómo se desarrollaba una conexión, no obstante, tenía muchos miedos y dudas: ¿Soy lo suficientemente fuerte para criar a un hijo así? ¿Qué tipo de vida podemos darle? ¿Necesitará más de lo que *le podemos ofrecer?*

La enfermera se ofreció a ayudarme a quitar la cobija que envolvía a Nick. No estaba seguro de si estaba listo para ver su cuerpo, pero accedí. Como podrás imaginar, me sentí abrumado al ver el dulce rostro de mi bebé y luego su diminuto tronco sin brazos ni piernas. Algo raro es que su torso parecía muy bien estructurado e incluso bellamente formado porque las cavidades de los brazos y las piernas estaban cubiertas de piel muy lisa y suave.

Al verlo con más detenimiento, las diferencias más impactantes eran los rudimentarios "pies" pegados a su cuerpecito. Del lado derecho, tenía lo que parecía ser un pequeño pie poco desarrollado. Un pie más formado, con dos dedos diferenciados aparentemente unidos, estaba pegado debajo del lado izquierdo de su torso. El pie más pequeño estaba inmóvil y parecía más un crecimiento que una extremidad. El pie izquierdo, el más grande, parecía ser más funcional.

En cuanto a todo lo demás, Nick tenía el cuerpo robusto de un niño normal, así como una carita de querubín que cualquier padre querría besar y abrazar. Me sentí agradecido por su falta de conciencia, por su dichosa inocencia. Quería retrasar el mayor tiempo posible el sufrimiento que temía le esperaba a ese niño. Lo volví a colocar en la cuna del hospital y salí para adentrarme en el incierto futuro de mi familia. Parecía como una realidad alterna donde nada volvería a ser normal.

Camino a casa, me golpeó una oleada tras otra de abrumadora tristeza. No me lamentaba por el hijo que había nacido, sino por el que había estado esperado. Temía que este niño tendría que soportar una vida cruel llena de sufrimiento. Mi incredulidad y mi desesperación se convirtieron en ira. *¿Por qué nos hiciste esto, Dios mío? ¿Por qué?*

Mi respuesta no fue la de un súper padre o súper hombre. No entregué de inmediato mis sentimientos a Dios como el bíblico Job, quien luego de perder a todos sus hijos en un mismo día dijo con tranquilidad: "El SEÑOR dio y el SEÑOR quitó."

Mi respuesta fue la de un hombre común y corriente, imperfecto, un marido y un padre con el corazón roto que se preguntaba si de alguna manera era responsable de esta tragedia, de tener a un hijo incompleto. ¿Era acaso un castigo por algo que había hecho? Muchos otros padres de niños discapacitados me han contado que al principio experimentaron dudas, temor e ira.

Me preocupan más los que no tienen un duelo. Los terapeutas profesionales dicen que no deberíamos reprimir nuestros sentimientos. Deberíamos permitir que corran su curso para que las emociones poderosas salgan y, con suerte, pasen. Este proceso puede ser impredecible y los patrones varían mucho. El dolor es parte de la experiencia humana, parte de la vida y, lamento decirlo, parte del viaje cuando nuestras expectativas de tener un hijo perfecto y saludable no se cumplen.

La Biblia se enfoca en la fortaleza de Job, pero creo que es probable que él también haya tenido sus momentos de debilidad. Todos los padres quieren que sus hijos estén completos y tengan un futuro ilimitado y lleno de esperanza. Es natural pensar que un hijo discapacitado enfrentará más dificultades y sufrimiento que los demás.

No deberíamos sentirnos avergonzados por expresar nuestro sufrimiento y deberíamos permitir que corran nuestras lágrimas. Lo digo especialmente por otros papás. Los hombres tienen la idea de que somos huesos duros de roer, de que debemos llevar todas las cargas sin una sola queja ni lamento. La sociedad nos pide que no lloremos, porque el despliegue de las emociones se considera un signo de debilidad. Si podemos amar, podemos sentir dolor. Las mujeres y las madres no tienen el monopolio de las emociones. Los hombres también generan lazos de apego con sus hijos. Tienen sueños y expectativas para ellos, al igual que las madres. Podemos ser fuertes y aun así expresar nuestros sentimientos y nuestro dolor, como la Biblia dice que hacía Jesús con frecuencia. No hay de qué avergonzarse. Todos necesitamos tiempo para digerir, adaptar y ajustar.

Expectativas frustradas

Al llegar, entré a una casa vacía, fantasmagóricamente silenciosa, que estaba decorada para la anhelada llegada de nuestro primer bebé. El cuarto del bebé seguía esperando a nuestro hijo con su cuna y sus sábanas listas.

Recuerdo haberme preocupado al armar la cama del bebé porque pensé que los barandales tal vez no serían lo bastante altos cuando empezara a levantarse. Ahora todo lo que podía visualizar era a mi hijo acostado en cama por el resto de su vida, incapaz de pararse, caminar o incluso gatear. Volvía a desmoronarme y sollocé hasta que por fin el agotamiento me hizo caer en un sueño intranquilo.

La mañana no trajo ningún alivio. Me dolía el cuerpo desde adentro. Me lamentaba por el hijo perfecto que habíamos esperado. Me lamentaba por el hijo imperfecto que habíamos traído al mundo. Me sentía fuera de lugar e incapaz de cuidar a un niño así. Me sentía desconectado de Dios, que siempre había sido mi apoyo, pero ahora parecía haberme abandonado. No tenía ganas de regresar al hospital. Tenía miedo de ver a mi esposa. ¿Cómo podía consolar a Dushka cuando me sentía tan perdido? ¿Cómo podía enfrentar a este niño inocente, mi hijo, que necesitaba más de lo que yo me sentía capaz de darle?

En el hospital, encontré a Dushka despierta y bañada en lágrimas. Le pregunté si había visto al bebé. Lo único que pudo hacer fue negar con la cabeza.

—¿Quieres que te lo traiga?

Otro no.

Hice mi mejor esfuerzo por consolarla, me quedé con ella hasta que se quedó dormida y luego fui a los cuneros. De nuevo, nuestro hijo estaba acostado junto con otros bebés. Se veía muy tierno y muy feliz. Al ver su linda carita, no pude evitar pensar *¿Qué tipo de vida puede tener este niño sin brazos ni piernas? No puede caminar, vestirse, alimentarse por sí mismo. ¿Qué será de él?*

De nuevo, la ira y el remordimiento se acumularon en mi interior. ¿Por qué, Dios mío? ¿Por qué permitiste que esto sucediera? Sería mejor que muriera a vivir de esta manera. ¿Por qué no te lo llevas para que no tenga que pasar por todo el dolor y sufrimiento que le espera?

Regresé con mi esposa.

Me preguntó si había visto a Nick.

—Sí —le respondí—. Es un bebé muy bonito.

Ella desvió la mirada e hizo una mueca de angustia.

—¿Quieres que te lo traiga?

Ella agitó la cabeza y sollozó bajo las sábanas. No tenía palabras para aligerar su carga. Nuestras vidas acababan de desviarse de la realidad que conocíamos y esperábamos.

En los días posteriores al nacimiento de Nick, no fuimos padres buenos ni admirables. Se lo hemos dicho y creemos que lo entiende. De verdad espero que así sea.

Incluso después de superar el impacto inicial, tuvimos que lidiar con serias dudas sobre si seríamos capaces de cuidar a Nick y darle aquello que necesitaba. Uno de los factores que funcionó a nuestro favor durante este tiempo de prueba fue el hecho de que Dushka y yo ya teníamos cinco años de casados. Habíamos esperado para empezar una familia mientras ella terminaba sus estudios como enfermera y se especializaba como partera. Yo había trabajado como vendedor y luego en la organización de producciones. Tuvimos tiempo de viajar un poco y de ahorrar para nuestra primera casa. Nuestra relación estaba bien consolidada. Éramos cónyuges y amigos y podíamos hablar de casi todo para llegar a un acuerdo.

Nuestro lazo se vería puesto a prueba una y otra vez a lo largo de los años… como sucede en el caso de la mayoría de los matrimonios. Las primeras pruebas importantes llegaron después de que Nick nació. En retrospectiva, creo que Dushka pasó por una depresión posparto, lo cual parecía aumentar y complicar aún más su dolor inicial. Toda madre que acaba de dar a luz está exhausta y la mayoría padece cierto grado de cambios de humor, así como cierta "tristeza posparto" a causa de los cambios hormonales ocasionados por el parto. La depresión posparto es una versión más duradera de esta situación y se considera una complicación bastante normal. En el caso de Dushka, complicó su sufrimiento e inhibió su capacidad de aceptar la falta de brazos y piernas de Nick.

Mi atenta y amorosa esposa en un inicio no pudo con la situación y se negó a abrazar y a amamantar a Nick. La ansiedad y el miedo se apoderaron de ella. Lloraba por horas diciendo: "Esto no puede ser; tiene que ser una pesadilla. No puedo con esto."

Dushka necesitaba tiempo y espacio para procesar sus emociones. Todos manejamos el estrés de diferentes maneras. El duelo tiene etapas definidas que se suelen identificar como negación, negociación, depresión y aceptación, pero pueden variar mucho en intensidad y duración. Tiempo después leí que, cuando los padres se enteran de la discapacidad o enfermedad de un hijo, con frecuencia experimentan dolor en formas poco comunes. Algunos pasan por ciertos ciclos varias veces o por periodos extendidos. Cuando eso sucede, es probable que necesiten terapia.

Trauma emocional

Reconocer que cada uno de nosotros se ve afectado en una forma particular puede ser útil y tranquilizador. Los esposos necesitan apoyarse entre sí. Emitir juicios no ayuda. Tal vez pienses que puedes manejar mejor la situación o las emociones, pero la mayoría de las personas no tienen idea de la magnitud del tormento.

Durante esos primeros días después de que Nick nació, Dushka estuvo abatida en formas que muchas veces me sorprendieron porque no lograba entender por completo la profundidad y amplitud de su sufrimiento. En una ocasión, cuando entré a su cuarto y la encontré llorando, susurró: "¿Que yo no merezco flores como las demás mamás que acaban de dar a luz?"

Asombrado, respondí: "Sí, claro que sí. ¡Discúlpame por favor!"

En mitad de todo el torbellino emocional, había olvidado llevarle ese tradicional regalo. Fui a la florería del hospital para compensarlo de inmediato. Dushka también se sentía lastimada porque no habíamos tenido noticias de muchos de nuestros amigos y parientes. Yo sabía que seguían procesando ese extraordinario e inesperado acontecimiento. La mayoría no sabían qué decir, en especial porque no habíamos sido capaces de comunicarnos con muchos de ellos. Poco a poco comenzaron a llegar otros ramos de flores, regalos y notas. Muchos de los comentarios eran muy amables y prudentes, pero mi esposa y yo con frecuencia llorábamos al leerlos.

Cuando pienso en retrospectiva en esos tiempos —y cuando hablo con otros padres de niños discapacitados que han pasado por periodos de duelo similares— puedo ver que Dushka y yo hicimos algo muy común. Nos aislamos durante esos primeros días y semanas.

Hay muchas razones que explican esto. Teníamos un gran dolor y necesitábamos tiempo para estar solos y pasar por ese abrumador torbellino de emociones. Al principio no quisimos hablar al respecto porque eso sólo parecía hacernos sentir peor.

No podíamos hablar fácilmente del tema y la mayoría de nuestros amigos tampoco sabía qué decirnos.

Estábamos tan atrapados en nuestros propios sentimientos que fuimos ciegos al dolor de las personas que nos querían. Ellas también estaban en duelo. Tuve que recordarme que mis padres, suegros y otros parientes también necesitaban expresar sus sentimientos. En mitad de nuestro sufrimiento es posible que perdamos la habilidad de ser empáticos con aquellos que están en duelo con nosotros y por nosotros. También podemos olvidar ser agradecidos con aquellos que nos ofrecen amabilidad y apoyo.

Tuvimos que poner en orden muchas cosas antes de abrir la puerta a quienes querían ayudarnos. Animo a otros padres que pasan por estas situaciones a buscar ayuda cuando estén listos para hacerlo, porque descubrimos que compartir nuestros sentimientos era útil en el proceso de sanación.

ACEPTACIÓN

Dushka es una persona amorosa con fuertes instintos maternales, pero en esas primeras semanas luchó por aceptar las discapacidades de Nick. Me sorprendió que después de un día o dos aún no quería cargar a nuestro hijo, pero llegué a entender que mi esposa no era ella misma en esos momentos.

Al ver que estaba consternada, la trabajadora social del hospital con mucho tacto nos dijo qué opciones teníamos. Comentó que si no nos sentíamos capaces de atender a Nick, podíamos darlo en adopción.

En un inicio, Dushka estuvo más abierta que yo a hablar al respecto. Ambos sabíamos que era una decisión con la que tendríamos que vivir por el resto de nuestros días.

Yo no quería entregar a nuestro hijo, pero estaba preocupado por mi esposa. Si no se sentía lo suficientemente fuerte para ocuparse de Nick a pesar de su entrenamiento como enfermera, ¿cómo podía yo pedirle que lo hiciera? No sabía si estaba tan desolada por el dolor, porque estaba experimentando depresión posparto o si era una combinación de las dos cosas.

Normalmente, la madre es dada de alta del hospital un par de días después y se lleva consigo al bebé a casa. Nosotros no hicimos eso. Nuestras enfermeras y la trabajadora social del hospital hicieron arreglos para que Dushka se quedara más tiempo del habitual. También me pusieron a mí una cama en su cuarto para que pudiéramos hablar y consolarnos mutuamente.

El personal pensó que necesitábamos tiempo juntos. Hablaban con nosotros pero intentaban no apresurarnos para que nos fuéramos ni para que tomáramos ninguna decisión. Pasamos varios días en el hospital, descansando y hablando sobre nuestras emociones y poco a poco fuimos entrando en la discusión de cuáles serían nuestros siguientes pasos.

No teníamos ningún plan de contingencia, ningún plan B para un bebé que no fuera perfecto. Después de que Dushka había descansado y recuperado las fuerzas luego de varios días, me dijo que estaba dispuesta a ver a Nick y a cargarlo. Yo no estaba tan seguro de que estuviera lista. Aún parecía estar muy afectada emocionalmente. Hablamos al respecto y me di cuenta de que Dushka también estaba devastada por la culpa. Se culpaba por las discapacidades de Nick, aunque había hecho todo al pie de la letra durante el embarazo.

Al principio, fue difícil calmar su mente porque ninguno de los dos tenía una explicación para la enfermedad de Nick. Los dos teníamos muchas preguntas. Pasaría un tiempo antes de que los médicos sugirieran que la falta de extremidades de Nick se debía a una mutación poco común en los genes críticos para el desarrollo del feto en el vientre.

ENCUENTROS CRUELES

Los padres de niños discapacitados a menudo se dan cuenta de que tienen que desarrollar una coraza. Tuve mis primeros encuentros con esta cruel realidad poco después de que Nick nació. El primero fue con una persona a quien siempre había considerado un amigo y confidente. Muchas veces había rezado a su lado y había compartido con él mis ideas y sentimientos. Pensé que sería empático luego de que Nick nació. Sin embargo, sugirió que las discapacidades de mi hijo podían ser un castigo de Dios por mis pecados.

Honestamente, yo también lo había llegado a pensar, aunque no tenía idea de qué pecados terribles había podido cometer para merecer un castigo tan cruel para mi hijo inocente. Las palabras de mi amigo me impactaron mucho y me dejaron impresionado por varios días. Me sentí traicionado por su duro juicio.

Busqué en mi interior para descubrir si podía haber algo de verdad en lo que decía. Tuvimos varias conversaciones honestas y al final se disculpó. Yo lo perdoné y creo que en el fondo estaba tratando de ser un amigo amoroso. Sin embargo, no sería la última persona, algunas bien intencionadas y otras simplemente que no tenían idea de nada, en afectarnos con comentarios insensibles sobre nuestro hijo. Ésa fue otra lección dolorosa que aprendimos en esos primeros días, una lección que otros padres de niños con necesidades especiales han experimentado: aún después de que los padres han aceptado y han visto más allá de las imperfecciones de sus hijos, parece que la mayoría de las personas son incapaces de hacerlo.

Más o menos un día después de que Nick nació, regresé a la unidad pediátrica para ver cómo estaba. Me paré en la ventana y una vez más encontré a Nick arropado; se veía como cualquier otro recién nacido. Mientras lo miraba, una pareja de enfermeras regresaron un bebé recién bañado a una cuna cercana y luego cargaron a Nick para llevarlo a examinar y a bañar. Lo abrazaron y le sonrieron y él devolvió el gesto de ternura. Sé que algunas personas dicen que los recién nacidos en realidad no sonríen, ¡pero esas personas no conocían a nuestro pequeño Nick!

Por primera vez en un par de días, mi corazón se llenó de calidez por nuestro hijo y sentí una probadita de lo que es el orgullo de padre. Luego, las enfermeras lo colocaron en una mesa al fondo del cuarto para examinarlo. A medida que lo desenvolvieron de su cobijita, sus expresiones cambiaron drásticamente. Abrieron los ojos de par en par y se pusieron la mano sobre la boca al ver el diminuto cuerpo de mi hijo.

Una vez más se me encogió el corazón y tuve que alejarme de la ventana. Seguí caminando hasta salir del hospital, con lágrimas brotándome por los ojos. No regresé al cunero ese día.

Tomar una decisión

Entiendo por qué tuvieron una reacción tan fuerte hacia Nick, porque en un inicio Dushka y yo tuvimos respuestas similares. Hasta que Nick nació, ninguno de los dos había visto a un bebé sin brazos ni piernas, ni con pequeños pies sin desarrollar que brotaban del torso. Es naturaleza humana sentirse incómodo al ver un cuerpo tan inusual.

Aunque hasta cierto punto ver las reacciones de las enfermeras fue doloroso, también sentí que mis instintos paternales entraban en acción. Era mi hijo y quería protegerlo de la crueldad, deliberada o no. También tenía la sensación cada vez más fuerte de que por poco que supiera sobre cómo criar a un hijo así, nadie más lo aceptaría ni podría cuidarlo como yo.

Dushka y yo todavía no habíamos tomado una decisión respecto a poner a Nick en adopción, aunque mi corazón me estaba diciendo todo lo que necesitaba saber. Estábamos aceptando nuestra realidad.

Sin embargo, tuvimos un tiempo adicional para tomar una decisión porque Nick tuvo una infección en el tracto urinario y el médico quiso mantenerlo en el hospital un poco más. Mi esposa y yo regresamos a casa y dejamos al bebé al cuidado de los médicos mientras deliberábamos sobre el futuro de nuestra familia.

Hablamos sobre todas nuestras preocupaciones y las opciones que teníamos a futuro. El hecho de que proveníamos de una cultura, una familia y una fe similares resultó útil. No diré que no tuvimos desacuerdos ni momentos acalorados. Estábamos sometidos a un estrés impresionante y ambos tuvimos noches de insomnio. Sin embargo, nos escuchamos el uno al otro.

Tenía que ser una decisión mutua. Sabíamos que necesitábamos estar en el mismo canal porque ninguno de los dos podría criar solo a Nick. Al inicio algunos de los médicos nos habían dicho que quizá Nick no tendría una esperanza de vida normal, pero Dushka me dijo que no era así, en especial si recibía apoyo y cuidados adecuados.

Mientras poníamos en una balanza nuestras opciones, Dushka comenzó a salir de las sombras del sufrimiento. Supe que mi esposa estaba de regreso cuando habló menos sobre las dificultades de criar a Nick y más sobre encontrar respuestas y soluciones. Sugirió a nuestro equipo de médicos que nos reuniéramos con otros padres que habían integrado con éxito a sus hogares a niños discapacitados. Quería saber cómo lo habían manejado, qué herramientas habían encontrado, qué ajustes habían hecho y cómo habían ayudado a sus hijos en la vida cotidiana.

A los padres de un niño con discapacidades se les suele aconsejar que busquen a otras personas que ya han avanzado en el camino de educar a un niño similar o que se unan a grupos de apoyo de familias que están en la misma situación. Nosotros no teníamos esos recursos. No pudimos encontrar a otros niños que hubieran nacido como el nuestro. Pensábamos que otros padres tal vez habían encontrado prótesis, sillas de ruedas y otras herramientas para dar a sus hijos cierto nivel de independencia.

Habría sido tan útil —un milagro, de hecho— encontrar a un niño más grande con las mismas dificultades que Nick. Habríamos podido aprender de los padres cómo hacer más fácil la vida de nuestro hijo, qué soluciones habían implementado, qué recursos habían encontrado para superar sus discapacidades. Por desgracia, ése fue un milagro que no tuvimos.

Pasar a la aceptación

El personal médico nos dijo que no habían encontrado a alguien que hubiera nacido con las mismas discapacidades que Nick. Los individuos con las discapacidades más parecidas eran víctimas australianas de envenenamiento por talidomida. Este medicamento se usaba para aliviar las náuseas durante el embarazo. Se prohibió en cuanto se descubrieron sus terribles efectos.

Nos pusieron en contacto con una mujer en el área de Beaconsfield en Melbourne que tenía una hija con brazos y piernas atrofiados. En ese entonces tenía como cinco años. Visitamos a la familia con la esperanza de poder obtener algunas ideas y quizá un poco de esperanza. La niña tenía suficiente de cada miembro como para tener una prótesis, lo que no habría sido posible en el caso de Nick. El único equipo especial que tenía la niña era un banco de plástico con forma de hongo que usaba para sentarse. Al mecerse de un lado a otro sobre el banco, éste avanzaba por el suelo.

En un inicio, Dushka y yo nos sentimos incómodos y pensamos que no teníamos mucho que aprender de esa niña y de su madre. No nos beneficiamos tanto de hablar con ellas como de observar su interacción. Era obvio que la madre tenía recursos limitados y su hija discapacidades graves, no obstante, nos impactó su relación amorosa y la asombrosa normalidad de sus vidas.

Ninguna de las dos parecía abrumada ni con una carga excesiva. Estaban saliendo adelante lo mejor posible sin quejarse.

Con frecuencia he pensado en esa visita y en la influencia que tuvo en nuestra decisión de criar a Nick nosotros mismos. Hasta ese punto, yo había tenido muchas dificultades para imaginarme criando a un niño sin brazos ni piernas pues sólo podía vislumbrar dificultades para Nick. La niña que habíamos visitado tenía severas deformaciones en los miembros, pero parecía ser una niña feliz y positiva y no se veía abrumada por sus discapacidades.

La lección que obtuve de esa visita tuvo influencias duraderas en mí. Aprendí que en lugar de preocuparme por el futuro, era mejor aceptar las dificultades de Nick y lidiar con ellas un día a la vez. Jesús lo dice en su Sermón de la montaña: "Busquen primero el reino de Dios y su justicia divina y por añadidura lo demás se les dará. Así que, no se preocupen por el mañana, que el mañana traerá su afán. Básatele al día su propio mal."

En el mismo tenor, Mark Twain dijo que preocuparse es como pagar una deuda que aún no contraes. No queremos estar tan abrumados por lo que nos pueda deparar el futuro que nos veamos privados de las joyas de cada día. Sí, debemos planear con anticipación, pero también es de sabios tomar cada día como viene y encontrar alegrías en cada momento.

Creo que tanto Dushka como yo vimos que la niña y su madre estaban viviendo en el presente, lidiando con los desafíos a medida que se les iban presentando, y mi esposa y yo nos sentimos conmovidos y motivados por ello cuando reflexionamos sobre la visita.

Después de algunas conversaciones adicionales con nuestros padres y otros familiares y amigos, acordamos llevar a Nick a casa y hacer nuestro mejor esfuerzo. La verdad, nunca creí que haríamos algo distinto. Era nuestro hijo. Al día siguiente fuimos al hospital para ver a la trabajadora social y comunicarle nuestra decisión. Una vez hecho eso, gran parte del estrés se disipó. Habíamos estado reflexionando y preocupándonos por esa decisión y las implicaciones potenciales de tomar uno u otro camino. Nos sentimos aliviados de cambiar de opinión y abrirle nuestro corazón a Nick.

Uno de los versículos de la Biblia que me inspiraron durante ese periodo se refiere al momento en que el ángel de Dios se le presentó a María. Cuando el ángel le dijo a la virgen que daría a luz un hijo, ella respondió: "¿Cómo puede ser?" El ángel replicó: "Para Dios no hay imposibles."

Dushka y yo al principio estábamos tan incrédulos como María. Luego, como ella, decidimos que nuestra fe sería nuestro sostén. Con la ayuda de Dios, podíamos criar a ese niño y ayudarlo a sobreponerse a los muchos desafíos que le esperaban. Desde ese momento en adelante, nuestra concentración principal fue darle a Nick todo lo que necesitaba para convertirse en un adulto autosuficiente, seguro y lleno de fe. Nunca volvimos la vista atrás ni lamentamos nuestra decisión de criarlo y nuestro amor hacia él creció día con día.

Ideas para llevar

- Sé consciente de que estás en un proceso de duelo y permite que se manifieste.
- Date tiempo para recuperarte emocionalmente.
- Necesitarás más descanso del habitual los primeros días debido al estrés.
- No te culpes a ti ni a tu cónyuge por las discapacidades de su hijo.
- Piensa a largo plazo al momento de tomar decisiones.
- Obtén toda la guía y el consejo que puedas tanto de expertos como de otros padres de familia.
- Tómate el tiempo necesario para digerir, ajustar y adaptar.
- Entiende que las personas cercanas también están en un proceso de duelo.
- Tu vida está cambiando, pero será manejable si la enfrentas un día a la vez.

3. Una nueva noción de lo que es normal
Permite que tus familiares
y amigos te ayuden a avanzar

Apenas una semana después de que Nick nació, un amigo me preguntó si me creía capaz de criar a un hijo discapacitado. No sé qué lo hizo pensar en la pregunta. Sin lugar a dudas me sorprendió. Mi respuesta inmediata fue "no".

No volví a pensar en su pregunta ni en mi respuesta hasta unos días después, cuando tuve que enfrentar la realidad de criar a un hijo con discapacidades físicas severas. Estaba más aterrorizado de lo que había imaginado. En mi desesperación inicial, incluso acudí a pasajes de la Biblia sobre Jesús orando en el Huerto de Getsemaní. Tenía miedo cuando se acercaba el momento de enfrentar la muerte en la cruz por nuestros pecados. En un punto oró con las siguientes palabras: "Padre, si es tu voluntad, aparta de mí este cáliz."

Dios no alteró el plan que tenía para Su propio Hijo y tampoco lo hizo en mi caso. Tuve que aceptar que ése era el plan de Dios y esperar que Él nos diera a Dushka y a mí la fuerza para realizarlo. Estamos eternamente agradecidos, pues nos dio la fuerza necesaria y, con el tiempo, nos abrió los ojos a lo que ha resultado ser un camino asombroso para Nick.

Encontrar la fuerza

Ninguno de nosotros sabe del todo lo que somos capaces de manejar. La mayoría subestimamos nuestra fuerza. A menudo no tenemos en cuenta los recursos con que contamos para apoyarnos, en particular los que provienen de nuestra fe, nuestra comunidad y nuestros familiares y amigos. Hoy en día hay muchas más agencias de servicio social y organizaciones en pro de los discapacitados que cuando Nick era niño. Desearía haber tenido más lugares a donde acudir. Me alegra que actualmente los padres cuenten con ellos.

Descubrimos que el simple hecho de sacar a Nick del hospital y llevarlo a casa era una gran diferencia. Comenzamos a recuperar el equilibrio. Los terapeutas y psicólogos que trabajan con familias de niños discapacitados dicen que por lo general esto se logra al pedir apoyo a familiares y amigos, así como a la comunidad. Como muchos padres, poco a poco logramos aceptar nuestra nueva realidad e instintivamente creamos un "nuevo concepto de lo que es normal". Representó un gran esfuerzo recuperar el equilibrio en nuestra vida. Buscamos un ambiente más positivo y proactivo con menos estrés al enfocarnos en adquirir conocimientos y en encontrar soluciones.

El camino de la aceptación no es fácil. Sin lugar a dudas no lo fue para mí y para mi esposa. Como le hemos explicado a Nick en el transcurso de los años, no estábamos tristes de que hubiera nacido; lamentábamos la enorme carga con la que había venido al mundo. También tuvimos que lidiar con una amplia gama de sentimientos que iban de la culpa a la incomodidad. Nuestras mentes estaban saturadas de información médica y de decisiones por tomar. Además de todo eso, nos estábamos cuestionando nuestra fe en Dios, lo cual significaba que nuestra principal fuente de fortaleza se había debilitado.

Ayudó que, cuando regresamos a casa, pasamos de simplemente reaccionar, que fue una experiencia muy negativa, a llevar a cabo acciones positivas. Esas acciones incluían algunas cuestiones de rutina en la atención a un bebé como alimentar, vestir y bañar a Nick, así como reunirnos con terapeutas y expertos en medicina para aprender sobre sus necesidades.

El paso más benéfico fue concluir nuestro periodo de reclusión y abrirles las puertas otra vez a nuestros seres queridos, que habían estado esperando pacientemente la oportunidad de acercarse y darnos su apoyo.

En un inicio, Dushka y yo nos habíamos aislado porque estábamos abrumados. Con frecuencia hablábamos de que nos sentíamos como si estuviéramos atrapados en una pesadilla de la que no podíamos despertar. Los sociólogos y psicólogos se refieren a los sentimientos de desorientación durante una crisis con el término "anomia". Es la sensación de que has perdido tus puntos de referencia y no sabes qué hacer porque demasiadas cosas han cambiado muy rápido. Nuestra experiencia con Nick demostró ser bastante típica con relación a los padres que están en nuestra situación, pero en ese momento no teníamos ese conocimiento que nos tranquilizara.

Esta desorientación luego se vio reforzada por nuestra repentina inmersión en un mundo desconocido, con su propia terminología y lenguaje, un mundo marcado por reuniones a menudo desalentadoras y conversaciones desconcertantes y contradicto-rias con médicos, terapeutas y trabajadores sociales.

Íbamos de un lado a otro durante el día y por la noche éra-mos incapaces de dormir, acosados por una necesidad urgente de tomar decisiones muy importantes que tendrían un impacto en el resto de nuestras vidas. ¿Qué vamos a hacer con este niño? ¿Cómo lo vamos a lograr?

Uno de los problemas más comunes que enfrentan los padres de recién nacidos con discapacidades es que no logran establecer un lazo con sus hijos tan rápido como otros padres. A veces esto es inevitable porque esos niños a menudo requieren de tratamien-tos médicos inmediatos, incluso cirugías, y luego deben perma-necer un tiempo en unidades de cuidado intensivo.

Cuando Nick nació, diversos médicos y especialistas tuvieron que examinarlo. Además, Dushka estaba consternada, lo cual li-mitó su tiempo juntos. Después, los médicos trataron la infección que tuvo en las vías urinarias, lo que implicó que no podía ir a casa con nosotros aunque así hubiéramos querido. Se quedó en el hospital durante más o menos cuatro semanas.

En cuanto estuvimos solos en casa con Nick, establecimos un vínculo con él de manera natural y nuestro estrés disminuyó. Ge-neramos nuestra idea de normalidad y creamos nuestra vida como familia con un bebé único que nunca dejaba de sorprendernos.

PEDIR AYUDA

Mi consejo para otros padres en momentos de crisis es encontrar formas de establecer un vínculo con su hijo tan pronto y tan constante como sea posible y combatir el impulso de esconderse y de enfocarse en cosas que están fuera de su control. Entiendo que es muy difícil socializar cuando estás en duelo, pero las personas que te quieren y que mejor te conocen son quienes pueden lidiar contigo en tus peores momentos. También pueden darte el consejo que necesitas pero que quizá no quieras escuchar. En nuestra experiencia, nos dieron sabios consejos y una perspectiva que nos hacía mucha falta. Mi padre fue un apoyo imprescindible en esos primeros días de vida de Nick. Mientras yo era una ruina —devastado y muerto de pánico— mi padre estaba completamente calmado y veía todo muy claro.

No podía comprender mi torbellino emocional y dejó claro que no veía razón alguna para considerar poner a Nick en adopción. Su forma de pensar era la siguiente: "¿Por qué consideran siquiera mencionar la adopción? Se trata de su hijo. Ustedes son responsables de criarlo. Pueden con esto. Si no, lo haremos nosotros. Si no tienen la fuerza, Dios se las dará."

Mis recuerdos de su rostro durante esa época tormentosa son vívidos. Su mandíbula era firme. Sus ojos, intensos. Mi padre era un hombre disciplinado, en especial en los momentos difíciles. Tenía una fe inquebrantable y una moral muy sólida. Esperaba de mí que hiciera lo correcto y que no flaqueara. Él creía que no se suponía que la vida fuera fácil. Creía que había que aceptarlo y seguir adelante.

Me recordaba las palabras del apóstol Pedro en la Biblia: "Queridos amigos, no se sorprendan de las pruebas de fuego por las que están atravesando, como si algo extraño les sucediera." Mi padre, quien había perdido al suyo de niño y había crecido en la pobreza, tenía una fortaleza forjada en las dificultades más allá de mi experiencia y entendimiento.

Se llamaba Vladimir Vujicic, un nombre fuerte para un hombre fuerte. Era un guerrero, pero no el tipo de soldado que podrías imaginar. Tan rudo como era, mi padre con frecuencia nos recordaba que, en serbio, su nombre significa "la paz manda". Ése fue el lema de su vida. Fue reclutado por el ejército yugoslavo en la Segunda Guerra Mundial y sirvió en el frente de batalla como médico porque se mantuvo firme a la fe cristiana y se declaró objetor de conciencia. Se negó a portar armas y a matar. Su negativa en la guerra fue recibida con ira y burlas por muchos de sus superiores y compañeros soldados. Lo atormentaban y muchas veces intentaron obligarlo a matar.

Mi padre fue transferido en varias ocasiones a distintas unidades en campos de batalla donde su trabajo consistía en cuidar a los heridos y tratarlos. Llegó a estar bajo el fuego cruzado, rodeado de balas, pero no devolvió los disparos. Cada vez que ingresaba a una nueva unidad, había tipos que lo molestaban y desafiaban. Papá me contó que un oficial le dijo: "Aunque nadie más te haya hecho combatir, yo lo haré. De lo contrario, te haré cavar tu propia tumba y ahí mismo te mataré." "Adelante. Máteme", dijo mi padre, quien no se apartaría de sus creencias.

En otra ocasión, sus superiores lo dejaron solo cuidando el campamento. A propósito, dejaron armas cargadas. Cuando regresaron, se escondieron en el perímetro y lo acorralaron, disparando sobre su propio campamento, fingiendo ser el enemigo. Estaban tratando de obligarlo a tomar las armas y a defenderse. Él se mantuvo firme, aun cuando su vida estaba amenazada. Lo llamaban cobarde, pero necesitó un valor increíble para permanecer fiel a su fe y a sus creencias.

Obtener perspectiva

Cuando nos sentimos acorralados, en mitad de una crisis o cuando enfrentamos circunstancias adversas, muy fácil podemos convencernos de que nuestra situación es increíblemente difícil. Dar un paso atrás para obtener perspectiva puede proporcionar un alivio sustancial. Mi padre nunca me instruyó al respecto. Yo me di cuenta cuando él y otras personas con historias de vida similares me aconsejaron que criáramos a nuestro hijo discapacitado. Las experiencias que mi padre vivió durante la guerra eran sólo un elemento de una vida difícil. También fue perseguido por ser cristiano en un régimen comunista. En ciertos momentos, él y mi madre tuvieron que asistir a servicios religiosos que se llevaban a cabo en lugares secretos. Si los hubieran atrapado los habrían arrestado. Volaron a Australia cuando mi padre tenía cuarenta y ocho años y empezaron una nueva vida en una tierra donde no hablaban el idioma.

Mi madre es otro ejemplo cercano de alguien que tuvo que soportar dificultades más grandes de lo que yo alguna vez tuve que vivir. Se llamaba Nada, que en serbio significa "esperanza". Siempre fue muy buena para escuchar. Podía hablar con ella de cualquier cosa.

Esto no quiere decir que siempre estuviera de acuerdo conmigo. Como mi padre —y también como los padres de Dushka— desde el primer día creyó que debíamos enfrentar nuestras responsabilidades y llevar a Nick a casa. Ella y mi padre no entendían por qué estábamos tan atormentados. Para ellos no cabía duda de que debíamos aceptar a nuestro hijo y educarlo.

Los padres de Dushka, que tenían una historia similar en cuanto a dificultades, pensaban igual. Tuvieron una vida difícil en un área rural de Yugoslavia muy afectada por la guerra. El régimen comunista impuso impuestos severos. Los servicios médicos y sociales eran limitados. La higiene era precaria. Dos hermanos mayores de Dushka murieron de bebés. Otro bebé que nació después que ella también murió.

Su familia había cruzado los Alpes para escapar antes de inmigrar a Australia, donde las cosas fueron mejores pero no fáciles. Esperaban que la vida fuera difícil y que asumiéramos nuestra carga. Mis padres me recordaban lo que Jesús dijo a sus discípulos: "Si alguno de ustedes quiere seguirme, tiene que abandonar su manera egoísta de vivir, tomar su cruz y seguirme."

Nuestros padres decían que debíamos estar completamente entregados a Nick y convertirlo en nuestra prioridad en la vida. Respetábamos a nuestros padres. Pusieron en perspectiva nuestro problema con Nick y nos llenaron de humildad. Habían lidiado con problemas más grandes a lo largo de su vida, así que, ¿no debíamos enfrentar los nuestros? Dushka y yo nos dimos cuenta de que, si nuestros padres podían encontrar la fuerza y el valor para superar todo aquello que habían enfrentado, entonces, nosotros podíamos criar a nuestro hijo discapacitado.

Lazos de amor

Tener perspectiva es algo muy valioso para cualquiera que enfrente dificultades y problemas. A lo largo de los años, nos sentiríamos impresionados por la naturaleza positiva y amorosa de padres cuyos hijos tenían discapacidades más grandes que las de nuestro hijo. Aprendimos que la mayoría de los padres que tienen hijos con necesidades especiales encuentran la fuerza y los recursos que necesitan.

Muchos se sienten abrumados, exhaustos, derrotados, temerosos y maltratados por el constante peso de sus responsabilidades. No obstante, sus amigos y familiares y todos los que los conocen los describen como héroes. La mayoría logran estar a la altura de los acontecimientos. Tal vez tengan momentos de debilidad o de duda, pero su amor hacia sus hijos les ayuda a encontrar una manera incluso cuando parece que no la hay.

En momentos de crisis personal, tendemos a pensar que nadie es capaz de entender lo que estamos experimentando. Sin embargo, prácticamente todas las etapas de nuestra respuesta a las discapacidades de Nick fueron típicas de los padres que enfrentan el inesperado desafío de tener un hijo discapacitado o con necesidades especiales. Pasan por un periodo de duelo y de falta de fe antes de lograr la aceptación. Una vez que eso sucede, comienzan a establecerse lazos profundos. Y, cuando se forman esos lazos, el estrés disminuye.

Cuando Dushka y yo dejamos ir al hijo que habíamos estado esperando y aceptamos al que Dios nos había dado, adoptamos una perspectiva más positiva. Cada día que pudimos abrazar a

Nick y verlo sonreír y responder sirvió como un peldaño hacia crear nuestra propia familia y nuestra vida juntos.

Pasar de la oscuridad hacia la luz en realidad comenzó en cuanto tomamos la decisión de llevar a Nick a casa. De inmediato sentimos que teníamos más control sobre nuestras vidas. Habíamos aceptado las discapacidades de Nick y, en cuanto lo hicimos, nuestra misión fue educarlo y sacar el mayor provecho de sus capacidades.

Tuvimos que aceptar la voluntad de Dios y concentrarnos en hacer nuestro mejor esfuerzo, un día a la vez. Cuando lo hicimos, nos resultó más fácil dejar de enfocarnos en los "problemas" de Nick y más bien buscar soluciones que pudieran darle a él —y también a nosotros— la vida más normal que pudiéramos crear. Por simple que suene, nuestras vidas se calmaron considerablemente cuando dejamos de preocuparnos por el futuro que no podíamos controlar y, en cambio, comenzamos a ocuparnos de las cosas que sí podíamos controlar día tras día.

Un niño como casi ningún otro

Aunque Nick es único en términos físicos, en muchos otros sentidos era un bebé normal. Como padres primerizos, y como una pareja que llevaba cinco años juntos, tuvimos que hacer todos los ajustes normales y luego algunos más. Dushka sabía más que yo sobre el cuidado de los bebés. Yo era un novato en las típicas tareas de darle la mamila y cambiarlo. Tuvo que enseñarme cómo cuidar a Nick en las formas más básicas y luego los dos tuvimos que aprender sobre sus necesidades especiales al no tener brazos ni piernas.

Un primer ajuste que hicimos fue a su ropa. Dushka y las mamás de los dos comenzaron sesiones de costura para coser los brazos y piernas de toda la ropita de bebé que habíamos comprado antes de que Nick naciera. Tuvieron que dejar una abertura en las piernas para el pie que Nick tiene más grande. Para cuando terminaron, mucha de la ropa parecían pequeñas camisas de fuerza... algo que muchos padres desearían tener en algunas ocasiones.

El bebé Nick parecía considerar su ropa como un reto. A medida que se volvió más activo y comenzó a gatear y a arrastrarse, nuestro hijo demostró ser un niño Houdini. No sé cómo lo hacía, además de retorcerse y frotarse por ahí, pero nos costaba trabajo que se dejara la ropa puesta.

La avidez del pequeño Nick por quitarse la ropa se convertiría en un comportamiento habitual que aún conserva. Nos tomó tiempo darnos cuenta de que esto respondía al hecho de que su cuerpo sin extremidades tenía mucho menos superficie para ventilar el calor corporal. Sin brazos ni piernas, Nick se sobrecalienta fácilmente. Aun hoy, en cuanto está en privado, tiende a quitarse la camisa para mantenerse lo más fresco posible.

Luego de tener dos hijos más, Dushka y yo nos dimos cuenta de que en ciertos aspectos Nick había sido más fácil de cuidar en los primeros meses que su hermano y su hermana. No teníamos que preocuparnos de que se rasguñara, de que se quitara las cobijas ni de que se despertara al mover abruptamente los brazos y piernas mientras estaba soñando.

Durante mucho tiempo, Dushka y yo hicimos bromas sobre el hecho de que podríamos ahorrar mucho del tiempo y dinero que invertíamos en vestirlo si lo dejábamos desnudo. Más adelante nos dimos cuenta de que habíamos ahorrado mucho en gastos como zapatos, calcetines y guantes para bebé. Nuestros demás hijos, Aarón y Michelle, resultaron mucho más caros en cuanto a la ropa, algo que a Nick le gustaba mencionar para molestarlos.

PRIVADOS DE SUEÑO

Había otro tema relacionado con la paternidad del que no teníamos que preocuparnos con el bebé Nick. Otros padres se quejaban de que a menudo se despertaban en mitad de la noche y revisaban a sus bebés silenciosos porque les preocupaba que no estuvieran durmiendo. Nunca tuvimos que revisar a Nick para ver si estaba despierto porque parecía como si nunca durmiera… y nosotros tampoco.

No necesitábamos un monitor para bebé porque cuando Nick no estaba durmiendo, estaba llorando. Esto no se debía a ningún asunto en particular. Tuvo cólicos, un padecimiento infantil muy común y en extremo frustrante. Caracterizado por dolores de estómago, inquietud e irritabilidad general, no se considera una enfermedad grave, a menos, por supuesto, que te guste dormir y que creas que el sueño es esencial para tu salud mental.

Como muchos padres de familia saben bien, los bebés que padecen cólicos no dejan nunca de llorar. Pueden hacerlo por horas y horas. Nadie parece comprender a ciencia cierta qué ocasiona los cólicos. Por lo general, les da entre las dos semanas y los cuatro meses de nacidos. En la mayoría de los casos, no dura más de un par de semanas. Creo que Nick los padeció durante varios años…

Está bien, quizá fue sólo alrededor de un mes. Es difícil medir el tiempo cuando no duermes.

Nick se despertaba y empezaba a aullar y gritar hasta que colapsaba de agotamiento. Dushka y yo lo cargábamos durante sus periodos de llanto e intentábamos consolarlo. A veces dejaba de llorar por un minuto o dos, y luego, como una alarma de coche que no se calla por nada, volvía a llorar.

No he sabido que exista una cura garantizada para los cólicos, pero algunos padres de familia afirman que, si el bebé toma fórmula, puede ser útil cambiar a leche de soya. He conocido padres que ponen al bebé en la sillita del coche y la colocan en una secadora de ropa encendida. Aparentemente las vibraciones ayudan a que el bebé se duerma. Otros padres dicen que ponen a sus bebés con cólicos en el coche y dan vueltas hasta que se quedan dormidos. Dushka y yo lo hicimos muchas veces.

Como mencionó Nick en uno de sus libros, tenemos un amigo que se ponía audífonos para amortiguar el sonido y empujaba a su bebé en la carriola hasta que se quedaba dormido. Dice que algunas noches daba más vueltas que un piloto de Indianápolis.

Dushka y yo enfrentamos los cólicos de Nick y su llanto constante atendiéndolo por turnos. Yo tomé el turno de la noche porque trabajaba durante el día. Dushka tenía el turno matutino. Éramos como barcos que pasaban por la noche, dos barcos muy lentos con poco viento en nuestras velas.

En mi estado mental ligeramente desconcertado por la falta de sueño, varias veces me pregunté si la falta de extremidades de Nick contribuía de alguna manera a la severidad de los cólicos. No estaba pensando con mucha claridad, obviamente. También me preocupaba que quizá lloraba porque tenía hambre. No parecía comer mucho. No sabía qué hacer para calmarlo. Le habría ofrecido comida y lo había cargado, pero eso ocasionaba otro problema.

Otros padres nos habían advertido que no debíamos cargar al bebé cada vez que lloraba porque se acostumbraría. Está bien cargarlo y apapacharlo, decían, pero, en la mayoría de los casos, debías dejarlo llorar hasta que se quedara dormido. Para un padre primerizo con un hijo discapacitado, hacerlo no es fácil. Mi mente tendía a pensar siempre en el peor escenario cuando escuchaba a mi bebé llorar todo el tiempo, aun sabiendo que el cólico era el culpable.

Después de algunas semanas de tormento, Dushka finalmente llevó a Nick al pediatra y le explicó que nadie en casa podía dormir a causa de los episodios de llanto del bebé. El doctor consideró que era un caso de cólico bastante severo, así que nos dio unas gotas para ponerlas en la fórmula de Nick. No sé qué medicamento o que hierba era, pero en esa época me pareció una droga milagrosa porque las gotas lo calmaron y todos pudimos dormir por la noche.

Que conste que no sentí satisfacción alguna ni ningún sentimiento de revancha ni venganza cuando, muchos años después, el primer hijo de Nick padeció cólico y lo mantuvo despierto por muchas noches. No soy ese tipo de padre ni de abuelo. Tal vez sí le recordé a mi hijo todas las noches que nos mantuvo despiertos, pero lo hice con una sonrisa.

Admito que, a pesar de su llanto, hay algo que disfrutaba de la época en que Nick tuvo cólicos. Por primera vez desde que nació, tenía algo normal de qué quejarme con los demás padres. ¡Era fantástico!

Nuestros amigos y parientes con hijos podían mostrarse empáticos sobre las dificultades que representaban las discapacidades de Nick, pero estaban muy contentos y dispuestos a compartir sus ideas sobre los cólicos.

"No estás durmiendo ni tantito, ¿verdad? ¡Bienvenido a la paternidad!", decían.

Aceptando la normalidad

Todos buscamos normalidad. Todos queremos compartir experiencias comunes. Es parte de nuestra necesidad de pertenecer y de ser parte de algo más grande que nosotros mismos. Es una de las razones por las cuales tener un hijo discapacitado nos desalentó tanto en un inicio. Perdimos el rumbo porque esperábamos un niño normal y una experiencia de paternidad normal. Tener un hijo sin brazos ni piernas nos colocó fuera del espectro de las experiencias compartidas.

La mayoría somos cautelosos o temerosos con relación a las experiencias difíciles a menos de que las estemos buscando. Cuando nos vemos obligados a enfrentar situaciones que están fuera de nuestra zona de confort, comenzamos a sentirnos estresados y atormentados. En esas situaciones, nuestro instinto nos lleva a intentar recuperar una sensación de normalidad.

Para los padres que tienen recién nacidos discapacitados, esto a menudo significa redefinir lo que es normal para su familia al establecer nuevas zonas de confort. Dushka y yo lo expresamos cuando decíamos cosas como: "Lo único que queremos es recuperar nuestras vidas." "Queremos ser una familia normal otra vez."

Al principio con frecuencia nos preguntábamos si alguna vez lograríamos volver a tener una existencia cómoda. No obstante, cuanto más tiempo pasábamos con nuestro hijo, más aceptábamos nuestra nueva vida. Nos ayudó muchísimo rodearnos de otros miembros de la familia que estaban listos para darle la bienvenida a Nick a nuestra gran manada.

En la familia de Dushka había nueve niños. Yo crecí con cinco hermanos. Además, había primos y otros parientes, al igual que muchos miembros de nuestra iglesia que considerábamos como de la familia. Teníamos una comunidad de apoyo bastante grande y habían sido atentos y prudentes, y nos habían dado tiempo para adaptarnos. Aunque estaban deseosos por ofrecer su apoyo, se mantuvieron al margen hasta que estuvimos listos para solicitarlo.

Tal vez esto suene un poco extraño, pero nuestras vidas habían cambiado tan drásticamente que nos sorprendió un poco descubrir que nuestro círculo de amigos y familiares seguía intacto. El entorno no había cambiado tanto como temíamos. Seguían estando ahí para apoyarnos. Estaban ávidos por darnos ánimo. Dushka y yo sentimos como si estuviéramos entrando a una casa cálida y acogedora después de semanas de andar vagando perdidos en un lugar frío y hostil.

Al inicio, yo estaba un poco renuente a volver a socializar porque pensaba que nadie sería capaz de entender por lo que habíamos pasado. Me preocupaba no saber qué decir o que el cuerpo poco común de Nick los hiciera no querer cargarlo o interactuar con él. Luego, me sentí animado al descubrir que la mayoría de los parientes y amigos eran empáticos y estaban muy felices y dispuestos a darle la bienvenida a Nick. Ver que las personas importantes para nosotros lo abrazaban y apapachaban era reconfortante y alentador.

Cuando Nick dejó de padecer cólicos, surgió su verdadera personalidad y todo el mundo estaba encantado por su dulzura, su sonrisa y su determinación. Realmente era adorable. Incluso de bebé, pude ver cómo nuestro hijo se ganaba a absolutos extraños con sus múltiples talentos. Quienes han pasado incluso un tiempo corto con él saben que la falta de extremidades no lo define tanto como su personalidad exuberante y atractiva. Le encantaba que lo cargaran y apapacharan y era muy parlanchín y expresivo.

Nick nació en una familia donde tenía casi treinta primos, la mayoría varones rudos, y, mientras crecían, resultaron ser una bendición en muchos sentidos. Desde bebé hasta el día de hoy, los bulliciosos primos de Nick lo han aceptado, querido y molestado de cariño, —incluso solían aventarlo de un lado a otro, para mi absoluto horror— y por lo general lo han tratado como uno más del grupo. Cada uno de los miembros de nuestra familia se mostró positivo, nos dio ánimos y se sintió aliviado de que estuviéramos en casa con nuestro hijo. Todos dejaron claro que estaban dispuestos a participar y a ayudar cómo y cuándo fuera necesario.

Regresar al calor de nuestros parientes y amigos nos ayudó a sanar y a constituirnos como una familia. Dushka y yo hubiéramos sido capaces de encargarnos de lo básico como darle de comer, bañar y vestir a nuestro hijo, pero que otras personas importantes para nosotros lo quisieran nos dio el apoyo que necesitábamos para sanar emocionalmente.

Del otro lado del dolor

A medida que nuestros amigos y familiares establecían una conexión con Nick, nuestra aceptación y amor por él se hacían más profundos. Tarde por la noche o temprano por la mañana, cuando tenía tiempo de reflexionar, deseaba que hubiéramos podido alcanzar esa etapa de aceptación antes y sin tanto dolor. Habría sido útil entender que al final encontraríamos la fuerza para generar una nueva noción de lo que es normal, un lugar más allá del sufrimiento menos estresante y más parecido a la vida que habíamos esperado.

El embarazo es una época de vulnerabilidad emocional para las mujeres y es importante mantenerse positivos e ilusionados. Supongo que las trabajadoras sociales, médicos y terapeutas no quieren alarmar ni abrumar con pensamientos estresantes a los padres que esperan un bebé. Y es comprensible. Probablemente no existe un buen momento para aconsejar a futuros padres sobre las posibilidades de tener un hijo discapacitado. Sin embargo, yo deseaba que de alguna manera nos hubieran preparado o que hubiéramos tenido a alguien que hubiera quitado la cortina y nos hubiera mostrado que del otro lado nos esperaban tiempos más normales y de más esperanza.

No quiero dar la impresión de que en cuanto llevamos a Nick a casa de inmediato nos libramos de la ansiedad sobre su futuro. Seguíamos teniendo noches en vela, aun después de que se le quitaron los cólicos. No obstante, durante ese periodo, éramos capaces de respirar un poco mejor y de sentirnos más como típicos padres.

Luego de llevar a Nick a casa y de superar su episodio de cólicos, sentí la emoción de una gran confianza. Como muchos padres en esa situación, aprendí a enfrentar los problemas a medida que se presentaban y a confiar en la fuerza de Dios cuando me sentía débil. No conocemos la capacidad que tenemos para sobreponernos y perseverar hasta que enfrentamos un problema terrible y todo está en juego. Hasta ese momento descubrimos de qué estamos hechos.

Cuando Dushka y yo aceptamos el reto de criar a Nick, lo hicimos con humildad y oración, que fue lo más sabio que podíamos hacer porque definitivamente nos sentíamos rebasados. Todos somos vulnerables y, por tanto, debemos permanecer humildes y llenos de fe. Ésa también es la moraleja de la historia bíblica del apóstol Pedro. Él se consideraba el discípulo más leal de Jesús. Cuando Jesús estaba a punto de ser arrestado y perseguido, Pedro presumió que, cuando los demás hubieran negado y abandonado a Jesús, él se mantendría firme y pelearía por Él hasta la muerte.

Jesús le dijo a Pedro que, antes de que terminara la noche, lo habría negado tres veces. Pedro insistió en que eso no sucedería, pero sí sucedió, justo como Jesús había predicho. Siento que Dushka y yo nos derrumbamos cuando la realidad de la vida nos golpeó con el nacimiento de un bebé sin brazos ni piernas. Habíamos fijado nuestras expectativas. Estábamos listos para ese recién nacido "perfecto". Nos sentíamos confiados, como Pedro, de que éramos fuertes y de que teníamos una fe inquebrantable.

Y, luego, cuando llegó Nick, nos sentimos devastados y toda nuestra alegría desapareció porque no tenía extremidades. Nuestra fe se sacudió. Nuestras vidas fueron arrojadas a un torbellino.

Agradezco haber admitido frente a mi amigo días antes que no me sentía a la altura de la tarea de criar a un niño discapacitado. Aún hoy, en muchas formas, sigo sintiéndome como Pedro porque fui mucho más débil de lo que esperaba. Era presbítero de la iglesia y había predicado y enseñado a los demás a confiar en Dios y en sus promesas. Sin lugar a dudas se espera que los líderes de la iglesia no sólo den sermones sino que también vivan y demuestren esas virtudes y cualidades. No obstante, las personas olvidan que los líderes de la iglesia son humanos y que experimentan las mismas dificultades que todos los demás. Al final, pude ver que parte del plan de Dios era ser consciente de lo mucho que lo necesitaba en mi vida.

Dios promete Su apoyo en la Biblia al decirnos que no nos abandonará. Ésa era la lección: confiar en Dios y en Su poder. Dushka y yo nos apoyamos el uno en el otro, en nuestra fe y en nuestra familia, así como en toda nuestra comunidad de amigos. Seguíamos teniendo miedos sobre el futuro de Nick, pero elegimos enfocarnos en el proceso diario de atenderlo y cuidarlo.

Hubo otra poderosa fuente de fortaleza que nos sorprendió todos los días de nuestro viaje. Muchos padres de niños con necesidades especiales descubren, como nosotros, que son nuestros propios hijos quienes se vuelven nuestra mayor inspiración. Ahora, revelaré cómo nuestro hijo se volvió nuestro héroe.

Ideas para llevar

- Resiste el impulso de aislarte.
- Acepta el apoyo de familiares y amigos.
- Lo más rápido posible, pasa de una posición reactiva a ser proactivo.
- Estipula nuevas rutinas diarias.
- Regresa a hacer "cosas normales", incluyendo trabajar, socializar y hacer actividades recreativas.
- Busca apoyo en grupos, foros en línea y otras fuentes de información.

4. BENDITOS SEAN SUS HIJOS
Permite que tu hijo sea tu guía

Nick tenía sólo año y medio cuando viajamos a Estados Unidos para asistir a un campamento religioso de verano en Virginia. Una noche calurosa cerca del final de la semana, Dushka y yo llevábamos a Nick de regreso a nuestro dormitorio cuando se nos acercó un hombre que no conocía.

—¿Cuándo se van a quitar la máscara? —dijo.

—¿A qué te refieres? —respondí.

Señaló a Nick con el dedo, que sólo llevaba el pañal porque hacía mucho calor.

—¿Por qué hacen como que todo está bien?

Aparentemente estaba mortificado porque nuestro hijo no iba cubierto. Parecía creer que debíamos esconder el cuerpo de Nick como si nos diera vergüenza.

—No sé a qué máscara te refieres —dije—. Somos como somos, así como nos ves.

Se alejó meneando la cabeza. No creo que esa persona haya querido ser cruel ni ofensiva cuando me hizo esa pregunta. Probablemente no había estado cerca de muchos discapacitados porque, una vez que pasas tiempo con ellos, tienes una perspectiva diferente. Te enseñan a ver más allá de los problemas y directo a su corazón.

Quizá haya sido directo o incluso brusco al confrontarnos, pero de hecho más tarde sentí un poco de gratitud hacia ese extraño. Me recordó lo lejos que habíamos llegado en la aceptación de las discapacidades de Nick desde que había nacido. Cuando pienso en nuestro viaje, me doy cuenta de que la mayor influencia fue el propio Nick. Nos enseñó a aceptarlo y amarlo, lo cual siempre me recuerda las palabras de Jesús en Mateo 18:2-6:

> Jesús llamó entonces a un niño, lo puso en medio de ellos y dijo:
> —Les aseguro que si ustedes no cambian y se vuelven como niños, no entrarán en el reino de los cielos.
> El más importante en el reino de los cielos es el que se humilla y se vuelve como este niño. Y el que recibe en mi nombre a un niño como éste, me recibe a mí.

Nick nos enseñó que no era un niño discapacitado ni "menos que los demás". Más bien era un niño con discapacidades que podía superar con paciencia, creatividad y el sanador poder del amor. De Nick aprendimos la aceptación y él resultó ser nuestra mayor fuente de inspiración y sabiduría.

Cuando nació, al principio, lo único que vimos fueron sus discapacidades. Nos enseñó que su falta de brazos y piernas nunca lo definiría ni lo marginaría tanto. Con los años, he escuchado decir a otros padres de niños discapacitados que reconocen a sus hijos como individuos que no están definidos por sus discapacidades.

Rápidamente vemos que pueden tener desafíos únicos, pero sus discapacidades son sólo una pequeña parte de quienes son.

EL NIÑO COMO MAESTRO

Jesús tenía doce años cuando se apartó de María, José y de otros parientes mientras iban de regreso a casa a Nazaret luego del festival de la Pascua en Jerusalén. Pasaron tres días antes de que lo encontraran en el templo "sentado entre los maestros, escuchándolos y haciéndoles preguntas", según dice la Biblia.

Uno se pregunta cómo es posible que José y María pudieran perder a su hijo durante tres días. Hoy en día podrían ser encarcelados y atormentados en las redes sociales por dejar que su hijo anduviera libre. La Biblia no menciona ninguna crítica. Nos dicen que todos los que escucharon a Jesús hablando en el templo se sintieron asombrados por la profundidad de Su conocimiento y entendimiento. Sin lugar a dudas, José y María se sorprendieron al ver que Su hijo ya tenía un sentido tan fuerte de su misión en la Tierra.

Desde una edad aún más temprana, nuestro hijo tuvo un impacto similar en Dushka y en mí, así como en todas las personas que lo conocían. Hoy en día, a menudo la gente le dice que, después de unos minutos de conocerlo, se sienten tan atrapados por su personalidad que pierden la conciencia de su discapacidad. Dushka y yo lo entendemos totalmente. Desde que era bebé, Nick nos enseñó a ver más allá de sus anomalías físicas y enfocarnos en la persona dinámica y decidida que simplemente se negaba a aceptar una vida limitada de cualquier manera por su falta de extremidades.

El punto medular es que nuestra experiencia con Nick es diferente de la de los padres que tienen hijos con discapacidades más severas, como los que padecen enfermedades mentales graves o tienen una capacidad limitada para comunicarse. No obstante, Dushka y yo hemos conocido muchos padres de niños con síndrome de Down, autismo y otras discapacidades más inhabilitantes que reportan experiencias similares.

Los padres tienden a pensar que moldearán a sus hijos, en especial a los varones, y que los convertirán en las personas que quieren que sean. La verdad es que, en la mayoría de los casos, nuestros hijos nos enseñan quiénes son y cómo amarlos de manera incondicional. El hombre que me detuvo en el campamento religioso esa noche no entendía que Nick ya nos estaba guiando no sólo para amarlo sino también para sentirnos orgullosos de él y agradecidos de que es nuestro hijo.

Fue un gran regalo para nosotros. Esta lección la hemos compartido con otros padres de niños discapacitados. Un padre a quien he asesorado en años recientes tiene un hijo que, como Nick, no tiene brazos ni piernas. Él una vez me dijo que le molestaba cuando la gente se le quedaba viendo a su hijo o hacía comentarios sobre su falta de extremidades. Se sentía culpable por su respuesta.

"¿Debería mantenerlo tapado cuando salgo con él?", me preguntó.

Entiendo que estaba tratando de proteger a su hijo de ser lastimado, pero, como le dije en ese momento, Dushka y yo concluimos que intentar esconder las discapacidades de Nick podía ocasionarle más mal que bien. No queríamos que Nick pensara que nos avergonzábamos de él. Sabíamos que algún día tendría que lidiar con gente que lo rechazaría, lo molestaría o se burlaría de él por sus discapacidades. Nuestra meta era fortalecer su inclinación natural a elevarse por encima de su falta de extremidades y a vivir de la manera más normal posible. Nick no se desalentaba fácilmente por sus discapacidades. Él nos inspiró a manejarlas con tanta valentía como lo hacía él.

Lamentablemente, no todos los padres logran aceptar la situación. Algunos huyen de su hijo discapacitado, de su matrimonio y de sus responsabilidades. El impacto en los niños y en toda la familia puede ser devastador cuando uno o ambos padres se vuelcan hacia adentro o se van. He escuchado de padres que se vuelven adictos al trabajo para no tener que lidiar con un hijo discapacitado en casa. Otros recurren a las drogas o al alcohol porque no pueden escapar de preguntas como "¿por qué a mí?", ni del dolor, la culpa o la sensación de estar fuera de lugar.

Eso es trágico. No los juzgo, pero temo que nunca aprendan lo mucho que sus hijos pueden enseñarles sobre ellos mismos, sobre la vida, el valor y el amor incondicional. La trampa en la que caen muchas madres y padres es que piensan que tienen que convertirse en súper padres con todas las respuestas, energía y esperanza que sus hijos llegarán a necesitar. Lo único que tenemos que hacer es dar nuestro mejor esfuerzo, tener fe y apoyarnos en nuestros seres queridos y en cualquier otro sostén que podamos encontrar. Es fundamental permitir que nuestros hijos nos ayuden a comprender.

Siguiendo la pauta de Nick

Jesús nos dio una lección muy valiosa sobre preocuparse sólo por el presente. La Biblia dice que preguntó: "¿Quién de ustedes, por mucho que se preocupe, puede añadir una sola hora a su vida? Así que no te preocupes por el mañana, pues el mañana se preocupará por sí mismo."

Ésa fue la primera lección que tuvimos que aprender. Al principio, esperábamos que criar a un hijo discapacitado podría ser un trabajo diario, una lucha y un viaje agotadores. No fue ninguna de esas cosas, sobre todo gracias al propio Nick. Gracias a su espíritu imparable, nuestro hijo ha sido una revelación. Nuestras experiencias con él nos han permitido comprender más a fondo el valor de cada ser humano, así como apreciar más las bendiciones y el asombroso poder de la presencia de Dios en nuestra vida.

Mi esposa y yo no estuvimos solos en nuestra lucha por crear la mejor vida posible para nuestro hijo. Nick también estuvo dispuesto a hacer todo lo posible. Expertos en medicina, psicólogos y terapeutas nos dieron su consejo sobre lo que Nick necesitaba, pero la verdad él fue nuestra mejor fuente de información e inspiración. Casi en cada etapa de su desarrollo, Nick demostró ser más fuerte de lo que hubiéramos imaginado. Aprendimos a no suponer qué podía hacer y qué no y nos sumamos a su rechazo de cualquier etiqueta que intentaran colocarle.

Los niños discapacitados tienen tanta individualidad como los que no lo son. Tienen mucho que aprender de nosotros, pero también pueden enseñarnos mucho, de sus necesidades, su potencial, la fuerza de su espíritu y su capacidad de superar los retos. No es poco realista esperar que un niño discapacitado tenga severas limitaciones, pero también es cierto que muchos de ellos logran superar cualquier expectativa.

A medida que nos fuimos adaptando a la vida con Nick, su madre y yo poco a poco nos dimos cuenta de que existían dos visiones muy distintas en nuestra familia. Dushka y yo tendíamos a estar encima de nuestro hijo, preocupados por él, porque tuviera hambre o estuviera enfermo, porque pudiera lastimarse o ser lastimado por alguien más.

Por otra parte, el bebé Nick no estaba consciente de sus padres estresados que lo patrullaban como un helicóptero. Era un pequeño sonriente, feliz y con mucha energía, que no parecía estar ni tantito acongojado por su falta de extremidades.

Poco a poco nos cayó el veinte de que, como Nick había nacido sin brazos ni piernas, no los extrañaba. Era como muchos niños en esa etapa de desarrollo. Ninguno se mueve mucho. Todos tienen que ser alimentados y bañados. Nosotros hacíamos todo eso por él, como cualquier otra pareja de padres haría con su recién nacido. Ese periodo nos dio tiempo para sentirnos como padres normales y también nos permitió tener más oportunidades de conocer la personalidad de Nick y establecer un lazo más fuerte con él.

Dushka sabía cuáles eran las típicas etapas de desarrollo de los bebés, incluyendo los primeros tres a nueve meses, cuando la mayoría de los bebés se vuelven lo suficientemente fuertes para levantar la cabeza mientras están acostados boca abajo, luego comienzan a rodar, sentarse y gatear. Los niños tienden a hacerlo a su propio ritmo, por supuesto, pero la mayoría de los niños dominan esas maniobras al año.

No sabíamos qué esperar con Nick. Podía levantar la cabeza mientras estaba de espaldas más o menos a los tres meses, parecía tener un cuello muy fuerte, pero no estábamos seguros de cómo serían las siguientes etapas de desarrollo porque, al no tener extremidades, carecía de los típicos puntos de apoyo para rodar y gatear.

Ésa era una gran preocupación para nosotros. Dushka sabía que gatear es un paso importante, con mucho más sentido que la mera locomoción. Sirve para estimular el desarrollo del cerebro y también prepara el cerebro para aprender. Mientras gatea, el niño tiene que tomar decisiones con respecto a dirección. Normalmente esto da a los médicos una idea de la coordinación mano-ojo que tiene el niño, un factor importante en todo, desde leer y escribir hasta atrapar y patear. Gatear también es importante para el desarrollo de la visión, ya que la mirada del niño pasa de ver hacia el frente a ver hacia abajo, de sus manos al camino que está delante.

Coordinación pie-hombro

Vimos estos primeros momentos clave como pruebas de la capacidad de nuestro hijo para compensar su falta de extremidades. Nos preguntábamos si tendría la capacidad mental, adaptabilidad, fuerza y determinación para desarrollar sus propios métodos de movilidad. Yo seguía teniendo miedo de que Nick tuviera que pasar su vida entera en cama. Nos habían dicho que quizá no podría rodar, sentarse o gatear en el típico periodo de cuatro a ocho meses. No obstante, no era un bebé letárgico; de hecho, era muy activo, pues siempre estaba moviendo el torso o retorciéndose. Después de sus primeros meses, cuando íbamos a su cuna, nos dábamos cuenta de que de alguna manera había cambiado de posición. Esto nos dio los primeros indicios de que Nick no estaría contento estando acostado siempre en la cama. Desde ese momento en adelante, cada señal de movilidad era motivo de emoción.

Estábamos aprendiendo que, aun cuando los médicos decían que no había manera, nuestro hijo ideaba "la manera de Nick". Cuando lo cargábamos y lo sosteníamos erguido, podíamos sentir que en realidad Nick era un chico muy fuerte. Se reía y luego nos mostraba que podía sostenerse sentado. Él se mostraba complacido y nosotros aplaudíamos con entusiasmo para mostrarle que también lo estábamos.

La progresión de Nick fue más lenta que la de los niños con extremidades, pero, en cuanto comenzó a rodar, no hubo manera de detenerlo. Tenía casi un año cuando por primera vez lo vi cambiar de posición en su cuna, de estar de espaldas a estar de lado. Durante un tiempo, había estado girando la cabeza y levantándola al estar de espaldas. Luego, un día, lo vi meciéndose hacia adelante y hacia atrás, usando el pie que tiene un poco más grande como apoyo contra el colchón. Después de algunos intentos infructuosos, logró ponerse de lado. Fue emocionante, alentador y tranquilizante al mismo tiempo.

A la manera de Nick

Estábamos felices de ver que no se contentaba con estar acostado y muy agradecidos de que nuestro niño fuera activo e ingenioso para buscar sus propias soluciones. Desde muy pequeño nos divertía cuando usaba su pie más grande para dar vueltas y girar en el azulejo del piso. Fue la primera calve de que su pie le serviría de muchas maneras. También lo usaba para jugar con los juguetes que poníamos en su cuna. Algunos hacían sonidos o tocaban música cuando los rodabas y Nick rápidamente lo entendió. Aprendió a usar el pie para compensar su falta de brazos y manos y muy pronto se hizo adepto a manipularlo. Jugaba con juguetes moviéndolos con el pie, disfrutando los sonidos y el movimiento que producían sus esfuerzos. Había un par de juguetes que tenían agujeros de diversas formas y metía el pie en las aberturas para levantarlos, sacudirlos y cambiarlos de lugar.

Parecía deleitarse en los colores brillantes y los sonidos musicales. Dushka y yo sentíamos que Nick estaba ávido por enseñarnos lo que podía hacer a medida que explorábamos sus capacidades. Su creciente actividad, su estado de alerta y su vocabulario cada vez más amplio de balbuceos nos conmovía. Todo eso parecía indicar que no tenía ninguna discapacidad mental y. De hecho, parecía un pequeño muy listo.

Desearía que los médicos que nos dieron pronósticos sombríos respecto al desarrollo de Nick pudieran haberlo visto de bebé, buscando formas de moverse aun sin tener brazos ni piernas. Dushka y yo nos sentíamos inspirados, conmovidos y emocionados mientras veíamos cómo nuestro bebé, acostado en el piso, se apoyaba para moverse colocando la barbilla sobre la alfombra y arqueando la espalda hasta lograr avanzar levantando un poco el cuerpo. Más adelante Nick descubrió cómo moverse al impulsarse con la frente contra el sillón o contra una pared. Nosotros nunca hubiéramos pensado en ese método, pero él, en cambio, lo resolvía sólo.

Ninguno de los dos se dio cuenta al principio, pero nuestra actitud hacia nuestro hijo estaba evolucionando. Nos sentíamos muy orgullosos de sus logros. Podía decirse que éramos sus porristas más entusiastas. Seguíamos viéndonos como sus protectores y guías, pero también estábamos descubriendo que nuestro hijo tenía mucho que enseñarnos. Todo esto fue parte de cambiar el enfoque de ver las discapacidades y limitaciones de nuestro hijo (las cosas que no podía hacer) a maravillarnos con sus habilidades. La mayoría de los padres experimentan esto de alguna u otra manera. Hace poco recordé esto cuando vi las fotografías que un joven padre de Utah le tomó a su pequeño con síndrome de Down. Alan Lawrence ha creado un blog (www.thatdadblog. com) para compartir su viaje con su quinto hijo, Wil.

El padre de Wil admite con toda honestidad que, cuando a su hijo le diagnosticaron síndrome de Down, él respondió con miedo y decepción. Lawrence dice que lo único en lo que podía pensar era en que Wil se acabaría los recursos de la familia y sería una carga. Él también se sintió avergonzado al principio por haberse negado a compartir las fotos de su bebé con sus parientes y amigos.

Sin embargo, el pequeño Wil le enseñó a su padre que el síndrome de Down no lo definía. Para cuando empezaba a gatear, el espíritu amoroso y alegre de Wil se había ganado a toda la familia. En lugar de sentir una carga o sentir vergüenza, los Lawrence se sintieron entusiasmados y orgullosos de Wil.

Wil divertía a sus padres, hermanos y hermanas con sus graciosos movimientos mientras estaba acostado en el piso o mientras gateaba. Acostumbraba agitar sus brazos y piernas como si tratara de volar como un súper héroe. Para captar su espíritu, su padre comenzó a crear imágenes fotográficas que hacían parecer que Wil flotaba en el aire por encima de otros miembros de la familia mientras ellos andaban en bicicleta, caminaban, exploraban la naturaleza y hacían su vida diaria.

Al principio, Lawrence, quien es director de arte, sólo publicó las conmovedoras fotografías en su blog, pero generaron una respuesta tan positiva y tan fuerte que pronto fueron tomadas y publicadas en medios de todo el mundo. Las fotos familiares de Wil se volvieron virales e inspiraron a Lawrence a crear más imágenes y a hacer un calendario diseñado para mejorar la comprensión del síndrome de Down y la compasión hacia niños como Wil. "Quiero que otros padres que apenas comienzan este viaje tengan una perspectiva más positiva que la que yo tuve", dijo Lawrence en una entrevista.

Estoy seguro de que Alan Lawrence aprenderá, como hice yo, que nuestros niños especiales siguen sorprendiéndonos con sus capacidades a lo largo de toda la vida. Ésa también ha sido la experiencia de D.L. Hughley, conocido como comediante y estrella de programas de sitcom de televisión, y padre de Kyle, quien nació con síndrome de Asperger. Kyle, quien ahora tiene casi treinta años, sigue sorprendiendo e inspirando a su padre, quien compartió una experiencia de aprendizaje en una entrevista que le hicieron en televisión en el programa *Oprah: ¿Dónde están ahora?*

Hughley dice que Kyle logró obtener un título universitario, pero siguió siendo muy precavido y apegado a las reglas. No le gustaba probar cosas nuevas, así que se sorprendió un día cuando su hijo se ofreció a ponerle gasolina al coche cuando se detuvieron a llenar el tanque en la gasolinera.

Era poco común que su hijo se ofreciera como voluntario para hacer algo que nunca antes había intentado hacer solo, así que, cuando Kyle salió del auto y se dirigió hacia la bomba, Hughley estaba "hecho un manojo de nervios". Cuando Kyle regresó al coche y le dio alegremente a su padre el recibo de la tarjeta de crédito y las llaves del coche, Hughley se puso a llorar. Le contó a Oprah en su programa que lloró porque Kyle había hecho algo que siempre había temido hacer. "Simplemente no pensé que pudiera hacerlo. Lo hizo. Y yo lo abracé y le dije: 'Vas a estar bien'."

EXPECTATIVAS SUPERADAS

Dushka y yo podemos sentir empatía con esas experiencias, al igual que muchos otros padres de niños con necesidades especiales. A muy temprana edad, aprendimos con Nick que era prudente no apostar en su contra ni imponerle ningún tipo de limitación. Una y otra vez, no sólo demostró que estábamos en un error; nuestro hijo nos dejó realmente sorprendidos.

En la primavera de 2015, Nick subió un video a su página de Facebook que en muchos sentidos sirve como un ejemplo perfecto de este punto de vista. Primero, cuando Nick nació sin extremidades, nunca soñamos que sería capaz de moverse por sí solo. Segundo, pensamos que era muy poco probable que se casara. Tercero, pensamos que nunca tendría hijos.

Este alegre video demuestra que estábamos completamente equivocados. Es un clip muy breve (www.youtube.com/watch?v= qU5TrnR1meY), comienza con Nick entrando en la escena a toda velocidad mientras Kiyoshi, riendo a carcajadas, va tras él, intentando atraparlo, para luego abrazarlo, darle un beso y seguir con el juego de las escondidas. Es un momento sencillo, pero es especialmente intenso y poderoso cuando piensas que teníamos tan pocas esperanzas para nuestro hijo cuando acababa de nacer.

El niño cuyo nacimiento nos hizo sentirnos desalentados ha demostrado ser una increíble bendición. Este video en particular es uno de cientos de videos motivacionales que Nick ha hecho. Todos sirven como testimonios de lo tonto que es poner límites a nuestros hijos discapacitados o con necesidades especiales. Por cierto, apenas unas horas después de que se subió ese video en particular, admiradores de todo el mundo lo habían visto más de 1.5 millones de veces.

Corriendo sin extremidades

Cuando Nick era pequeño, estábamos encantados de que pudiera rodar, sentarse y enderezarse apenas unos meses con rezago con respecto a lo que se considera normal. Dushka y yo dudábamos de si nuestro hijo sin piernas sería capaz de moverse por sí sólo. Así que imagina nuestra sorpresa cuando Nick comenzó a moverse por la casa erguido y caminando. Al principio, ni siquiera sabíamos qué estaba haciendo. Después de observarlo, vimos que usaba su pie más grande para levantarse y luego rotaba la cadera hacia adelante. Si lo hacía lento, había un salto apenas perceptible en su movimiento. Cuando lo hacía rápido era como si galopara.

Siempre me conmueve cuando Nick habla sobre sus sueños recurrentes de correr a toda velocidad por un campo y de la alegría que sería poderlo hacer algún día. La verdad es que es capaz de moverse muy rápido él solo en distancias cortas. Sus hermanos y sus primos pueden dar fe de que, cuando era adolescente, era todo un rival en los rudos partidos de futbol que organizaban en la sala. En ese espacio delimitado, Nick era prácticamente igual a ellos.

Dushka y yo nos sentimos agradecidos por su movilidad y su determinación, pero también bastante preocupadas de que Nick pudiera lastimarse o resultar lastimado por sus compañeros de juego. Era tan agresivo y tan desinhibido al jugar que otros niños olvidaban la vulnerabilidad de Nick. Si se caía, no tenía brazos para amortiguar la caída ni para proteger su cabeza de golpearse contra el piso o los muebles. Yo a veces era un poco aguafiestas, pues me la pasaba diciéndole a Nick y a los demás niños que no jugaran tan rudo y que tuvieran cuidado. Obviamente, ninguno prestaba mucha atención a mis preocupaciones. Como diría Nick: "Papá, ¡no es que me vaya a romper un brazo o una pierna!" Mi hijo logró pasar la niñez sin ninguna lesión importante, aunque tuvo algunas caídas desagradables.

De adulto, Nick a menudo cuenta historias de sus traviesas hazañas, como surfear, hacer paracaidismo y practicar esquí en tabla. También hacía que sus amigos y cuidadores lo colocaran en los compartimentos superiores de los aviones para asustar a otros pasajeros o, de broma, hacía que lo pusieran en el carrusel de las maletas. No te asustes, este tipo de comportamiento no comenzó de adulto, Nick siempre fue temerario y desinhibido.

Uno de sus pasatiempos favoritos de niño era recorrer a toda velocidad las calles del vecindario recostado sobre una patineta, remolcado por las bicicletas de sus hermanos y demás compañeros de juego. Me alegra no haberme enterado sino hasta años después de que a veces lo montaban en el manubrio y lo llevaban así todo el día.

Una lección muy difícil

Durante la mayor parte de la infancia de Nick, fue un chico alegre, positivo e imparable. Era una fuente de alegría para todos a su alrededor. No obstante, si estás familiarizado con la historia de Nick, probablemente sepas que en su niñez, e incluso de adulto, ha tenido episodios ocasionales de desesperación y depresión. A menudo ése es un tema de preocupación para las personas con discapacidades, pero a Dushka y a mí nos tomó desprevenidos cuando Nick comenzó a tener pensamientos oscuros de niño.

A pesar de que le encanta divertirse, Nick tiene un lado serio y contemplativo. Aun de niño, establecía con nosotros conversaciones con preguntas muy reflexivas que resultaban sorprendentes por su madurez y profundidad. Tal vez tenía ocho o nueve años cuando nos preguntó por primera vez por qué había nacido sin brazos ni piernas, qué había ocasionado que no crecieran, por qué

Dios lo había hecho así y cómo nos sentimos cuando nos enteramos de que no tenía extremidades.

Dushka y yo sabíamos que esas preguntas llegarían algún día y decidimos ser honestos con él porque sentíamos que las relaciones honestas y transparentes son importantes para la integridad y el amor verdadero. Los niños son muy sensibles y muy rápido comprenden las dinámicas e historias familiares aunque pensemos que son demasiado jóvenes para entender. Sabíamos que algún día Nick podría descubrir el conflicto emocional que tuvimos cuando nació y queríamos ser quienes le contaran la historia completa. Queríamos protegerlo y asegurarle que era amado y valorado.

La meta era compartir con prudencia el hecho de que, aunque al principio estábamos llenos de miedo y de dolor a causa de sus discapacidades, rápidamente lo amamos. Dushka le contó incluso que por un momento pensamos en ponerlo en adopción, pero sólo porque no estábamos seguros de tener la capacidad de hacerle frente a la situación o los recursos y conocimientos necesarios para criar a un niños sin extremidades.

Al principio, Nick se sintió lastimado cuando le contamos las preocupaciones iniciales que tuvimos cuando nació, pero lo platicamos y sentimos que, aunque no lo comprendiera del todo de inmediato, a medida que fuera creciendo lo aceptaría. Siempre enfatizamos lo mucho que lo amábamos y lo orgullosos que estábamos de él. No obstante, no pasaría mucho tiempo antes de que esa charla que tuvimos con el corazón en la mano nos diera un motivo de preocupación por los pensamientos privados y el estado emocional de Nick.

Su hermano menor Aarón, se me acercó una noche en pijama poco después de haber acostado a los chicos. Parecía muy alterado. Me dijo que Nick le había contado algo que lo había asustado. "Papá, creo que deberías hablar con Nick. Me acaba de decir que probablemente se suicide antes de los veintiuno", me dijo Aarón.

Con frecuencia Nick tenía estados de ánimo oscuros y pensamientos sombríos por las noches cuando estaba cansado, pero nunca lo había escuchado decir algo tan alarmante. Mortificado, fui corriendo a su cuarto, me senté junto a Nick en su cama, le acaricié su abundante cabellera rubia y le pregunté en qué pensaba.

Él comenzó haciendo las preguntas de "qué tal si" que los padres a menudo temen. —¿Qué tal si algo les llegara a pasar a ti y a mamá? ¿Quién me cuidaría?

—¿Qué tal si nunca consigo trabajo? ¿De qué voy a vivir cuando ustedes ya no estén? ¿Crees que alguna vez me case y forme mi propia familia?

Son preguntas difíciles y emotivas para cualquier padre. Hablé con Nick sobre sus miedos y sus dudas, deseando tener una varita mágica para disipar sus muy legítimas preocupaciones. Parecía que estaba logrando un avance en consolarlo, hasta que mi hijo me reveló que había tenido pensamientos suicidas e impulsos de actuar en consecuencia.

—Pensé que quizá era mejor suicidarme para que tú y mi mamá y Aarón y Michelle puedan tener una vida normal. El otro día estaba sobre la alacena de la cocina y pensé en aventarme al piso, pero no estaba seguro de si era lo bastante alto como para matarme, —me dijo con lágrimas en los ojos—. No puedo soportar la idea de ser siempre una carga para ti y para mamá o mis hermanos.

¡Dios mío! Estaba impactado pero traté de controlar mis emociones mientras lo calmaba. Hice mi mejor esfuerzo por tranquilizarlo. Lo acaricié y lo abracé. Le dije que, aunque en el algún punto nosotros ya no estuviéramos, siempre tendría una familia, parientes y amigos que le darían la ayuda y el apoyo necesarios.

—Hay muchas personas que te quieren, Nick. Y, más que nada, hay un Dios que te ama más que todos nosotros juntos. Él te dará todo lo que necesites si lo llevas en tu corazón —dije.

Lo tranquilicé diciéndole que lo amábamos y que lo extrañaríamos. Esa noche, hice todo lo que pude para transmitirle que nuestras preocupaciones y miedos iniciales cuando nació pronto dieron paso a un profundo amor hacia él y que creíamos que le esperaba un futuro brillante. Después de nuestra conversación, Nick parecía reconfortado. Lo hice prometer que acudiría a mí si tenía alguna preocupación.

No obstante, no pude dormir bien esa noche, ni muchas noches más. Dushka y yo hablamos sobre cómo podíamos crear cimientos emocionales más sólidos para nuestro hijo para impedir cualquier pensamiento suicida en el futuro. En los meses siguientes estuvimos muy atentos a Nick y nos aseguramos de abrazarlo y tranquilizarlo todas las noches.

UNA REVELACIÓN ATERRADORA

Cuando Nick nos reveló sus impulsos suicidas esa noche, no teníamos idea de que sí había tenido un intento de suicidio. No nos lo dijo hasta más de diez años después, cuando estaba escribiendo su primer libro, *Una vida sin límites*. Había decidido revelar su intento de suicidio en el libro porque quería que sirviera de advertencia a otros jóvenes. El suicidio se ha convertido en un problema grave, en especial en los adolescentes, y Nick sintió que era su responsabilidad hablar al respecto. Su mensaje principal es que la vida es un regalo y que siempre hay razones para tener la esperanza de un mejor mañana. Su propia vida es un maravilloso ejemplo de que el plan que Dios tiene para nosotros con frecuencia es mayor a lo que hayamos podido soñar.

Mientras escribía esto en su libro, Nick se dio cuenta de que necesitaba prepararnos, así que nos contó la historia por primera vez. Nos sentimos asombrados cuando nos dio los detalles. La tarde anterior a contarnos sobre sus impulsos suicidas, de hecho había intentado ahogarse en la tina.

¿Cómo pudimos no darnos cuenta? ¿Dónde estábamos cuando nos necesitaba?

Nick nos dio los aterradores detalles. Había comenzado a experimentar agobiantes sentimientos de desolación y desesperanza unos años antes. Durante años, había rezado todas las noches, pidiéndola a Dios que le diera brazos y piernas. No podía comprender cómo un Dios amoroso podía privarlo de tener extremidades y eso lo llevó a cuestionar tanto su fe como su valía.

Fue por esta época cuando Nick experimentó por primera vez *bullying* y comentarios crueles en la escuela. Aunque era propenso a encajar y a hacer las cosas que muchos niños hacían, Nick no podía dejar de pensar que nunca sería capaz de competir en deportes, tomar de la mano a una novia o cargar a sus hijos.

Tenía cada vez más miedos con respecto a su futuro, incluyendo si sería capaz de mantenerse de adulto y si podría llegar a casarse y tener familia. Había llegado a la edad en la que los demás chicos empezaban a tener novia y Nick tenía miedo de que ninguna chica lo quisiera por su falta de extremidades. Nuestro hijo decía que temía ser una carga para nosotros por toda la vida.

Una oleada tras otra de pensamientos oscuros lo atormentaba y no podía acallarlos. Se descubría pensando cosas como: *Si salto de esta alacena, probablemente me muera de la caída y todo termine ahora.* Me da mucho miedo pensar que mi hijo tenía estas ideas y no lo sabíamos.

Una vida en riesgo

Más tarde, Nick nos contó que intentaba combatir los impulsos autodestructivos, pero eran incesantes. Atormentado por pensamientos de que simplemente debería terminar con su vida en lugar de seguir adelante, decidió ahogarse en la tina. Me pidió que la llenara, fingiendo que sólo quería tomar un baño y relajarse un poco, como había hecho tan a menudo. Cuando salí del baño, se metió en el agua e hizo muchos intentos por permanecer abajo del agua.

Por fortuna, Nick no pudo seguir adelante con la idea. No dejaban de aparecer imágenes de Dushka, Aarón, Michelle y yo llorando. Sabía que su suicidio nos acosaría por el resto de nuestras vidas y al final Nick decidió que no podía hacerles eso a sus seres queridos.

¿Te imaginarás lo difícil que es para mí escribir sobre esto? Pensar que estuvimos a punto de perder a Nick me aterroriza. No podemos imaginar la vida sin él y nos ha tomado mucho tiempo superar la culpa que sentimos de que siquiera pensara en suicidarse de niño. Sin embargo, en nuestras pláticas con él sobre esta casi tragedia, nos dimos cuenta de que Nick no había seguido adelante con el suicidio porque habíamos hecho algo bien: sabía que lo amábamos y que perderlo nos atormentaría por el resto de nuestras vidas.

Nick nos contó que su amor y su preocupación por nosotros era más poderosa que su desesperación. En retrospectiva, pienso que Nick le contó a Aarón sobre sus pensamientos suicidas porque en el fondo sabía que su hermano acudiría con nosotros. Creo que Nick quería que supiéramos. Quería nuestra ayuda e intervención.

Nos sentimos agradecidos por eso, aunque la magnitud de la desesperación de Nick a tan temprana edad nos sigue perturbando. Nunca más asumiremos que comprendemos por completo la carga que lleva, a pesar de que inspira a miles de personas en el mundo. Desde ese episodio ha tenido periodos de depresión, aun de adulto. La mayoría se presentan cuando está exhausto de sus viajes por el mundo, sintiéndose solo y lastimado a causa de relaciones fallidas o abrumado por presiones laborales y financieras. Mi hijo tiende a llevar muchas cargas porque tiene mucha fe en Dios y en sí mismo. Siempre lo estamos animando a pasar más tiempo con su familia, que es donde encuentra más alegría y tranquilidad.

Tal vez pienses que conoces a tu hijo y la mente de tu hijo, pero, como descubrimos en el caso del nuestro, un hijo con discapacidades severas puede tener una vida emocional compleja y que guarda para sí mismo. Nuestra experiencia con los pensamientos suicidas de Nick nos enseñó algunas lecciones importantes:

- Es importante mantener siempre abiertos los canales de comunicación con tus hijos e interactuar con ellos lo más posible para tener idea de cómo es su vida emocional. Con frecuencia se dice que debes escuchar incluso las cosas no importantes que tienen que decir de modo que cuando tengan algo importante que decir te lo compartan.
- Sin importar qué tanto creemos conocer a nuestros hijos, hay secretos y rincones escondidos en sus mentes que nos cuesta trabajo detectar y entender. Los padres necesitan mantenerse al tanto de señales de alerta, pendientes a pensamientos oscuros y preparados a buscar ayuda profesional.
- Nunca debemos tomar a la ligera ninguna expresión de miedo o desesperación sobre el futuro. Cuando tu hijo hable sobre esas cosas, aun de broma, es una llamada de atención y una señal de alerta de su vida emocional.

Los expertos dicen que, para la mayoría de las personas con discapacidades, los pensamientos suicidas surgen no tanto de las dificultades físicas que experimentan, sino más bien del *bullying*, el ostracismo social y la preocupación por ser una carga para sus seres queridos. La Sociedad Americana de Suicidología reporta que los adolescentes que padecen dislexia tienen más probabilidades de pensar en un intento de suicidio que los lectores normales.

Investigadores de Penn State descubrieron que la tasa de pensamientos e intentos suicidas entre los niños autistas es veintiocho veces más alta que en el caso de los niños normales.

El intento de suicidio de Nick me enseñó que, sin importar qué tan cercano te sientas a tus hijos, y sin importar lo bien que creas que te estás comunicando con ellos, sigue habiendo posibilidades de que la oscuridad se cierna sobre sus corazones y mentes. Dushka y yo sentíamos que estábamos haciendo lo mejor que podíamos conforme a nuestras capacidades para proteger a Nick y monitorear sus emociones y comportamientos, pero los niños pueden poner una fachada de felicidad y bienestar aun cuando están pasando por periodos oscuros.

CÓMO PROTEGER A NUESTROS HIJOS

Los sentimientos de desesperanza o desesperación pueden intensificarse rápidamente, cambiar nuestras perspectivas y convencernos de que nuestras vidas carecen de valor o de sentido si no tomamos medidas para contrarrestar esos pensamientos. Los niños son tan vulnerables como los adultos y probablemente más todavía porque tal vez no sepan a dónde acudir. Los padres deberían tener eso mente y estar alertas a cualquier señal de cambios de ánimo, modificaciones en sus patrones alimenticios, hacerse a un lado de familiares y amigos y demás comportamientos poco habituales.

Hoy en día, por los jóvenes de todo el mundo, Nick es considerado una de las voces más importantes en contra del suicidio. Maestros y líderes gubernamentales de Estados Unidos, Europa y

Asia lo invitan a dirigirse a los jóvenes para darles ánimo y esperanza. Miles de personas le han dicho que sus discursos y videos les ayudaron a superar pensamientos e impulsos autodestructivos.

Su historia es una advertencia para todos nosotros, en especial para los padres de niños y niñas, hombres y mujeres, con necesidades especiales. La desesperación y la desesperanza son amenazas incesantes. Nunca sabemos cuándo modificarán los pensamientos de las personas a quienes amamos, pero siempre podemos asegurarnos de que nuestros hijos sepan que son amados y apreciados.

Una vez, un pastor contó la historia de una mujer de su congregación que se quejó con él de que su marido no la amaba. Cada vez que se veían, se quejaba de su falta de atenciones. En un punto, el pastor llamó al marido para hablar con él.

—Tu esposa ha estado compartiendo conmigo su preocupación de que al parecer ya no la quieres —dijo el pastor.

El marido contestó:

—Pastor, el día que nos casamos, le dije que la amaba. Cuando eso cambie, se lo haré saber.

¡Me temo que no funciona así con los cónyuges ni con los hijos! Sólo porque trabajas mucho o haces cosas por ellos no puedes asumir que las personas que te importan sepan cuál es la magnitud de tus sentimientos o que no les importe si se los recuerdas o no. Necesitan que les demos besos y abrazos. Necesitan que nos interesemos en su vida y que pasemos tiempo con ellos.

Pasar tiempo con tus hijos es el mayor regalo que les puedes dar. Habla con ellos y hazles saber que pueden confiar en ti o preguntarte cualquier cosa que pase por su mente. Mantente cerca, ten abiertos los ojos y los oídos y escucha atentamente con el deseo de entender su perspectiva. Al permitir que nuestros hijos nos muestren quiénes son y qué necesitan de nosotros, todos disfrutaremos de relaciones más ricas y más gratificantes.

Ideas para llevar

- Debes entender que tu hijo es un individuo complejo a quien no definen las discapacidades ni las etiquetas.
- Permite que tu hijo te enseñe quién es, cómo puedes acercarte a él y cuál es el significado del amor incondicional.
- Enfócate en lo que tu hijo puede hacer en lugar de en lo que no puede hacer. Anima y apoya a tu hijo al permitirle fijar su propio ritmo.
- Mantén abiertos los canales de comunicación y siempre consuela a tu hijo haciéndole saber que es amado y valorado. No asumas que está bien, aunque lo diga.
- Monitorea de cerca los estados de ánimo de tu hijo y mantente en contacto con sus maestros, en especial en los años de la pubertad y la adolescencia.

5. EL LABERINTO MÉDICO
Conviértete en el mejor abogado de la atención médica de tu hijo

*M*i sobrino, Nate Polijak, trabaja como enfermero certificado en Australia. Durante la capacitación para ese trabajo, se metió en algunas dificultades debido a su primo Nick. El profesor de Nate les estaba enseñando a los alumnos a tomar la presión del paciente. Cuando preguntó si tenían alguna pregunta, Nate pensó en Nick y preguntó:

—¿Qué tal si el paciente no tiene brazos?

—Entonces usarías una vena del muslo —dijo el profesor.

—Pero, ¿qué tal si el paciente no tiene piernas? —dijo Nate.

—Muy bien, chistosito, ¿por qué no mejor te vas de aquí? —dijo el profesor.

Sacó a Nate de la clase. Nate tenía fama de ser bromista y tuvo que hablar rápido para convencer a su maestro de que estaba haciendo esas preguntas pensando en su primo Nick, que no tenía ni brazos ni piernas.

Los padres a menudo bromean diciendo que desearían que sus bebés hubieran venido con un instructivo. En nuestro caso, no era una broma, en especial en lo relacionado con las necesidades médicas de Nick. No teníamos idea de cómo criar a un niño sin extremidades y tampoco la mayoría de los médicos con los que nos topábamos. Incluso un procedimiento tan simple como sacar sangre se vuelve mucho más complejo y peligroso cuando el paciente no tiene extremidades.

Cada vez que a Nick le tenían que hacer análisis, había un debate considerable sobre cómo hacerlo. Algunos enfermeros solían pincharlo en el dedo gordo del pie. Otros querían picarle la yugular, lo cual podía ser peligroso. Dushka con frecuencia se tenía que poner agresiva y jugar la carta de la enfermera certificada cuando pensaba que los médicos estaban cometiendo algún error al tratar a nuestro hijo.

El cuerpo de Nick no tiene el mismo sistema de enfriamiento que el del típico paciente que se presenta a un consultorio médico o a un quirófano. La mayoría de nosotros liberamos un alto porcentaje de nuestro calor corporal a través de los brazos y piernas. Al tener sólo el torso, Nick tiene menos superficie de piel y, como resultado, puede sobrecalentarse peligrosamente en un periodo muy breve. Los médicos y enfermeras no siempre han tomado eso en consideración.

Ésa era una gran preocupación para nosotros cuando Nick era bebé y no podía hablar por sí mismo. Por lo general, las enfermeras envuelven a los pequeños para hacerlos sentir cómodos y calientitos. A Nick no le gustaba que lo envolvieran. Prácticamente se ponía rojo por el aumento en la temperatura corporal. Otro problema común para él ha sido siempre el sarpullido ocasionado por el calor.

Dushka tenía que estar al pendiente cuando los doctores o médicos trataban a Nick, advirtiéndoles constantemente que cubrirlo con sábanas, envolverlo en mantas o ponerlo debajo de luces fuertes podían ocasionarle la muerte. La tendencia de Nick a asarse dieron lugar a un chiste familiar: "Cuando Nick tiene frío, los pingüinos deben estarse congelando."

PADRES ABOGADOS

Dicen que la risa tiene un poder curativo y gracias a Dios porque, como sabe cualquiera que tenga hijos discapacitados o con necesidades especiales, los asuntos médicos son una gran preocupación y también un gasto importante. Nuestros hijos por lo general necesitan atención médica avanzada y especializada y pasan más tiempo en hospitales, salas de emergencia y clínicas de terapia física y psicológica que la mayoría de los niños. Además, a menudo necesitan gente que los cuide de tiempo completo o de medio tiempo, así como equipo médico costoso como sillas de ruedas a la medida, prótesis, camas especiales, rampas de acceso, elevadores, tinas y regaderas especiales, entre otros.

Los psicólogos dicen que tener acceso a atención médica especializada y a buen precio es vital para que las familias con hijos discapacitados logren alcanzar un poco de normalidad en sus vidas. Muchas familias, incluyendo la nuestra, se han mudado por lo menos una vez y en ocasiones más en busca de los mejores médicos, hospitales, clínicas y tratamientos para sus hijos.

De niño, Nick tenía problemas continuos con sus altas temperaturas corporales, sarpullidos a causa del calor, infecciones urinarias y problemas respiratorios. Dushka pensaba que el clima lluvioso y siempre cambiante de Melbourne podía ser la causa.

Cuando tenía como diez años, Dushka y yo concluimos que un clima más cálido podía resultarle benéfico. Ese verano tomamos unas vacaciones de cuatro semanas y fuimos a Brisbane, que se encuentra a más de mil seiscientos kilómetros hacia el norte y cuenta con un clima subtropical más estable.

Nos mudamos ahí, aunque también habíamos considerado la alternativa de una mudanza aún mayor: al clima soleado de California, en Estados Unidos. Teníamos familiares cerca de Los Ángeles que nos habían animado a probar suerte ahí. Lo habíamos pensado seriamente porque nos habían dicho que Estados Unidos estaba más avanzado en cuanto a la aceptación de personas con discapacidad. También pensamos que la atención médica podía ser mejor. De hecho, solicitamos mi visa de trabajo en Estados Unidos un par de años antes de mudarnos a Brisbane, pero el proceso de obtenerla tomó tanto tiempo que casi desistimos. Luego, poco después de mudarnos a Brisbane, llegó el permiso por tres años. Dushka no pudo conseguir su permiso de trabajo a causa de las diferencias en los requerimientos de las enfermeras.

Nos dirigimos a Estados Unidos en 1992, pero muy pronto lamentamos nuestra decisión. Nos encantaba California por su clima y su belleza, pero era un sitio caro para vivir con nuestro sueldo. También descubrimos que el sistema de salud norteamericano, con sus seguros privados, era mucho más caro y no era tan generoso como el seguro social de Australia.

Tal vez fue injusto mudar a nuestros hijos a California tan poco tiempo después de habernos mudado a Brisbane. Les resultó más difícil adaptarse a California y a un país y un sistema escolar completamente distintos. Apenas tres meses después de mudarnos a Estados Unidos, Dushka y yo decidimos regresar a Australia, en parte porque nuestro abogado norteamericano nos dijo que enfrentábamos un proceso largo para obtener una residencia permanente y temíamos que nunca sucediera. Así que regresamos a nuestro hogar adoptivo, donde estábamos en un terreno más familiar y nos resultaban más fáciles los sistemas educativo y médico.

Salud y bienestar

Dushka y yo estamos agradecidos de que los problemas médicos de Nick se han limitado sobre todo a lidiar con su falta de extremidades y a unos cuantos problemas más relacionados con eso. Por lo demás, ha demostrado ser un niño saludable y resistente. El sistema de salud en Australia es de tipo social en gran medida y, aunque obviamente hemos tenido que cubrir algunas facturas médicas a lo largo de los años, es probable que no se acercaran ni tantito a lo que habrían podido ser en Estados Unidos. También nos beneficiamos de asistir a muchas organizaciones que ayudaron a Nick cuando estaba creciendo.

Con frecuencia les decimos a otros padres de familia que van a necesitar alzar la voz y mostrarse como abogados agresivos de sus hijos porque nadie se preocupa tanto por sus hijos como los padres. Tuvimos suerte de tener un buen comienzo gracias a la experiencia de Dushka como enfermera, pero, a pesar de eso, tuvimos que educarnos y estar al lado de Nick en todos sus procedimientos médicos. Hubo algunas veces en que ciertos profesionistas de la medicina bienintencionados le habrían podido ocasionar graves daños a nuestro hijo si Dushka no hubiera estado ahí para intervenir y guiarlos.

Los padres no pueden darse el lujo de simplemente entregar a sus hijos a los terapeutas y dejar su tratamiento a los expertos. También recomendamos que los padres de niños con necesidades especiales conozcan a fondo todas las leyes relacionadas con el apoyo gubernamental para tratamiento médico y los derechos de las personas con discapacidad y necesidades especiales. Es fundamental que sepas cuáles son las preguntas que debes hacerles a todos los involucrados en el cuidado de la salud de tu hijo. Debes informarte sobre la naturaleza exacta de la discapacidad de tu hijo y cuáles son los tratamientos más efectivos.

Como la discapacidad de Nick es poco común, no teníamos muchos recursos como grupos de apoyo, organizaciones de padres, foros en línea y páginas de internet que nos ayudaran, pero sin lugar a dudas existen muchas disponibles para otros padres cuyos hijos tienen problemas más comunes. En esa época tampoco teníamos acceso a internet y al mundo de información que proporciona.

Nos pareció buena idea llevar un historial médico, notas y calendarios detallados de los tratamientos de Nick, sus medicamentos, alergias, enfermedades y procedimientos, así como otros asuntos médicos. No puedes confiar en que tu médico llevará esos registros porque se pueden perder o destruir.

Por último, recomendamos a los padres que trabajen para formar alianzas y relaciones con los especialistas de la salud que tratan a sus hijos porque, cuanto más sepan que es un individuo amado, mejor lo van a tratar. Esto es un arte y puede ser difícil mantener buenas relaciones con todas las personas que tratan a tu hijo, pero hemos descubierto que tomarte el tiempo de generar lazos personales puede mejorar la calidad de la atención que recibe tu hijo.

Los padres de niños discapacitados o con necesidades especiales con frecuencia tienen que tomar decisiones difíciles que afectan la salud y calidad de vida de sus hijos. Muchas veces nos sentimos desconsolados cuando los médicos recomendaban procedimientos que podían beneficiar la salud de Nick a largo plazo pero que afectaban su capacidad de disfrutar la vida activa que era parte de su naturaleza. A veces sus médicos no estaban de acuerdo con nuestras decisiones. Aprendimos a escuchar todo lo que tenían que decir y a luego hacer lo que creíamos que era mejor para la calidad de vida global de nuestro hijo. En algunos casos, también tuvimos que educar a los médicos y recordarles constantemente que algunas de las prácticas estándar para pacientes "normales" no eran seguras en el caso de nuestro hijo.

Un pie muy útil

Normalmente Dushka es una mujer amable y encantadora, pero a veces tuvo que convertirse en la mamá ninja de Nick cuando quienes le proporcionaban atención médica no le prestaban atención adecuadamente. Ése fue el caso al inicio, cuando sus médicos pretendían ayudar a Nick al operar uno de sus mayores activos físicos: su pie más grande.

A diferencia de su pie más pequeño, del lado derecho, el pie izquierdo de Nick tiene tanto un hueso como tejido muscular que le permite manipularlo. Cuando nació, se asemejaba a un pie con dos dedos gordos unidos. Nuestra esperanza era que si los médicos podían separar los dedos gordos, Nick sería capaz de manipular ambos, lo cual le permitiría agarrar cosas con el pie. Pensamos que entonces sería capaz de usar el pie para sostener una pluma y escribir y hacer otras tareas que normalmente se hacen con las manos y los dedos.

Habíamos visto videos de una niña de Inglaterra que no tenía brazos pero podía usar los pies para hacer muchas cosas por sí misma, entre ellas hacerse la cena, escribir y pintar. Nos inspiró su capacidad de adaptarse usando los pies. Después de consultar con ortopedistas y cirujanos plásticos, decidimos permitir que operaran el pie de Nick cuando tenía alrededor de cuatro años. Queríamos hacer todo lo que estuviera a nuestro alcance para ayudar a nuestro hijo a ser lo más autosuficiente posible.

Cuando estaban preparando a Nick para la cirugía, Dushka le recordó al equipo de médicos varias veces que su temperatura corporal se elevaba peligrosamente al estar bajo luces brillantes y cobijas. También mencionó que había escuchado de otro niño sin extremidades que había experimentado eso en una operación y había quedado con daño cerebral después de sufrir una convulsión. Aunque los médicos sabían que Dushka era enfermera, no prestaron atención a lo que les dijo.

Aunque lograron separar los dedos de Nick durante la operación, por poco rostizaron el resto de su cuerpo. Salió de la operación bañado en sudor y con una temperatura corporal muy elevada. Luego, frenéticamente quisieron bajarla con cubetas de hielo antes de que sufriera una convulsión. También enfrentaron la ira de Dushka por no haberla escuchado. Desde ese momento en adelante, siempre nos aseguramos de que los médicos y enfermeras de Nick entendieran muy bien su tendencia a sobrecalentarse.

Un buen pie

Al final, la operación no fue tan exitosa como esperábamos. Aunque los cirujanos lograron separar los dos dedos, no podían moverse de manera independiente, lo cual habría hecho que fueran más útiles para Nick. Sin embargo, al final logró aprovechar muy bien ese pie. Puede tomar una pluma con él, aunque prefiere sostener la pluma con la boca para escribir. Usa los dedos gordos para escribir en el teclado de la computadora y, sorprendentemente, puede hacerlo a un ritmo de cuarenta palabras por minuto en su laptop.

De niña, Michelle llamaba al pie de su hermano "la piernita de pollo de Nick" porque pensaba que se asemejaba a una baqueta de batería. Nick suele hacer chistes al respecto, pero su habilidad para manipular ese pie se ha convertido en uno de sus mayores activos. Lo usa para escribir en computadora, marcar el teléfono, manipular una tablet, guiar el control de su silla de ruedas y jugar videojuegos… entre otras cosas.

Aunque la mayoría de las personas disfrutan la comodidad de los teléfonos celulares y sus muchas aplicaciones, para nuestro hijo son un gran regalo porque le permiten hacer muchas cosas que de otro modo serían difíciles o imposibles. El celular le permite hablar fácilmente por teléfono, mandar correos electrónicos y mensajes de texto, escuchar música, ver videos y películas, jugar, revisar su agenda, grabar sermones y revisar el clima y las noticias internacionales.

Antes de los celulares, la mayoría de nosotros podía planear un viaje tomando un mapa, desdoblándolo y leyéndolo. ¡Intenta hacer eso sin brazos ni piernas! Los primeros teléfonos celulares eran mucho más grandes, lo cual hacía que fuera mucho más fácil para Nick marcar, pero implicaba otros problemas. Las personas no podían escucharlo y él tampoco a ellas si dejaba el teléfono cerca de su pie, así que tenía que ingeniárselas para marcar con el pie y luego ponerse el teléfono cerca de la boca y el oído.

La solución de Nick fue cambiarse de lugar el teléfono. Practicó durante horas a marcar el teléfono y luego pasárselo rápidamente al hombro. Su meta era atraparlo entre la barbilla y la clavícula y luego sostenerlo ahí mientras hablaba. Esto le tomó muchas horas y no estuvo exento de dolor. No dejo de imaginarme a su médico, preguntándole si todas las heridas de su rostro se debían a una paliza y a Nick diciendo: "Sí. Fui atacado por mi celular." Pero bueno, estoy seguro de que su teléfono también se llevó una paliza mientras Nick estaba aprendiendo a atraparlo. No quiero saber cuántos quedaron destruidos durante sus sesiones de práctica.

El torpedo humano

La capacidad de Nick de manipular su pie izquierdo y usarlo ingeniosamente incluso desde muy pequeño resultó ser una bendición en muchos sentidos. Dushka y yo nos sentimos sorprendidos y fascinados cuando se paró usando el pie como palanca, pero también nos preocupamos de las consecuencias que esto podría tener con el tiempo para su cuerpo.

La piel de la base de sus muslos no estaba hecha para estar en contacto constante con el suelo, el pavimento ni ninguna superficie áspera. Cuando Nick comenzó a moverse por sí mismo, teníamos que tratar esa piel con humectantes y bálsamos porque se rasgaba y quedaba sensible. Sí, se fue haciendo más fuerte con el tiempo, como sucede con nuestras plantas de los pies, pero nos preocupaba otro efecto secundario potencial de la movilidad de Nick.

Poco después de que nació, los médicos nos dijeron que Nick tenía escoliosis, o una curvatura de la columna, que era probable que empeorara con el tiempo. Aconsejaron procurar no tensionar la espalda de Nick. Los problemas de columna de nuestro hijo están relacionados con su falta de brazos y piernas. Normalmente nuestras extremidades ayudan a mantener la columna erguida y en su lugar al distribuir el peso uniformemente. La fuerte dependencia de Nick de usar el pie izquierdo para impulsarse y equilibrarse hacía que su cuerpo se inclinara a ese lado la mayor parte del tiempo, lo cual generaba una presión adicional en su columna y hacía que sus costillas rotaran ligeramente. Esto se agravó aún más cuando empezó a moverse dando saltitos, lo cual compactaba su columna.

Algunos de los especialistas que consultamos, sugirieron colocar una placa de acero en la espalda de Nick para sostener la columna, pero la desventaja de esto es que Nick tendría un movimiento limitado. Nuestro hijo no es alguien que se quede sentado muy tranquilo, ni alguien muy sedentario que digamos. Siempre ha sido súper activo. Sus amigos lo apodaron "el torpedo humano" por la forma en que lanza su cuerpo de un lado a otro, ya sea al echarse un clavado a una alberca o al impulsarse hacia adelante y hacia atrás en los asientos de un auto mientras va por la autopista. Mi esposa y yo siempre estuvimos conscientes de que la medicina no es precisamente una ciencia exacta. Los médicos pueden hacer proyecciones y predicciones, pero con algo como la escoliosis, no hay una forma precisa de predecir qué tanto afectaría a Nick de adulto. Aprendimos que los cirujanos estaban ávidos por operar a Nick porque lo veían como un reto interesante. La idea de que le abrieran la espalda y le colocaran una placa de metal era perturbadora, sobre todo porque Nick realmente disfrutaba ir de un lado a otro con su familia y amigos.

Dushka y yo dijimos a los médicos que no queríamos restringir a Nick. Nuestra meta era darle la mayor movilidad posible, de modo que, cuando tenía como dos años, comenzamos a buscar una silla de ruedas que nuestro activo hijo pudiera controlar. Además de la movilidad añadida, pensamos que una silla de ruedas podría elevar a Nick de modo que estaría a la misma altura que los demás niños y, con ayuda de cinturones y relleno, también ayudaría a sostener y a mantener erguida su delicada columna.

Estábamos deseosos por ponerlo en una silla de ruedas lo más pronto posible para ahorrarle desgaste a su cuerpo. Por supuesto, encontrar una silla de ruedas que le sirviera a Nick fue un problema. El sistema de salud de Australia era muy generoso, pero sólo proporcionaba sillas de ruedas estándar sin motor, que nuestro hijo no podía operar.

Nick tenía como dos años y medio cuando supimos que existía una silla de ruedas eléctrica que habían desarrollado en Inglaterra. Tenía un control, como de videojuego, que hacía posible que pudiera operarla con su pie más grande. Llamada atinadamente "Cometa", era redondeada, como un barril con ruedas. No era una belleza, pero a Nick le encantaba porque le daba una mayor libertad de moverse por ahí sin desgastar tanto su cuerpo.

A Dushka y a mí nos gustaba especialmente que el asiento estaba diseñado para sostener al niño firmemente en su lugar. La silla era cara, pero un hospital de Melbourne que tenía una clínica especial para pacientes sin extremidades ofreció proporcionarle una a Nick.

MONTADO EN EL PEQUEÑO COMETA ROJO

Extrañamente, cuando le contamos al equipo médico de Nick al respecto no se mostraron entusiasmados. Su terapeuta físico y sus doctores pensaron que era demasiado joven para operarla de manera segura. Nick afirmaba que podía hacerlo y, para entonces, estábamos mucho más inclinados a ponernos del lado de nuestro hijo. Al final, el equipo de médicos cedió y dio su visto bueno.

El fabricante envió la silla de ruedas junto con un técnico que le enseñó a Nick cómo operarla. Todo el mundo estaba sorprendido de lo rápido que había aprendido a usarla. Como era redondeada, daba hasta el piso y era de color rojo brillante, la apodamos el "pequeño cometa rojo" y Nick parecía tomárselo al pie de la letra. Pronto estaba volando en ella por todo el vecindario, superando todas las expectativas una vez más.

El pequeño cometa rojo fue la primera y la más rudimentaria en lo que ha resultado ser una larga fila de costosas sillas de ruedas a la medida para nuestro hijo. Por cierto, no me estoy quejando. Las sillas de ruedas eléctricas han mejorado la calidad de vida de Nick enormemente. Le han permitido viajar y dar conferencias por todo el mundo. A medida que la tecnología ha evolucionado, ha encontrado sillas de ruedas eléctricas que bajan hasta el piso de modo que puede subir fácilmente de un salto y luego elevarse para quedar a la altura de sus amigos y de su público.

De hecho, uno de los recuerdos más alegres que tengo de la boda de Nick y Kanae es cuando fueron a la pista de baile en la silla de ruedas. Kanae, en su traje de novia, iba sobre la silla de ruedas. Luego, hicieron un hermoso baile juntos, moviéndose al compás de la música. Fue un momento maravilloso que dejó a todo el mundo con lágrimas en los ojos.

El motor del matrimonio

La mayoría de las personas no se dieron cuenta de que la silla de ruedas era el "regalo especial" de Nick, diseñado específicamente para ese gran acontecimiento. El diseñador la terminó justo a tiempo para la boda, lo cual fue algo muy bueno porque el modelo anterior de Nick se había descompuesto y ya no era muy funcional.

Nick le especificó al fabricante que quería estar a una altura cómoda para poder bailar con su esposa el día de su boda. Este modelo era como el Porsche de las sillas de ruedas porque además era muy rápida y muy fácil de maniobrar. De hecho, después de la boda, Kanae nos contó que la silla era tan rápida y maniobrable que Nick casi la manda volando cuando llegaron a la recepción de la boda.

La tecnología de las sillas de ruedas ha evolucionado a un grado increíble y también el costo. Algunas de hecho usan los mismos motores que hacen funcionar los parabrisas de los coches. Los modelos más recientes vienen con sus propias aplicaciones para celular. Casi todas las que Nick ha tenido han sido hechas a la medida para adaptarse a su falta de extremidades y a su escoliosis, sin mencionar sus viajes alrededor del mundo y su acelerada manera de conducir.

El único modelo que no fue hecho a la medida para Nick fue una silla de ruedas que tuvo cuando estaba en la primaria. Se llamaba YoYo y la hacían en Nueva Zelanda y Australia. Esa fue su segunda silla de ruedas. Podía bajarse de modo que Nick subía de un salto y luego se elevaba hasta quedar a la altura de sus compañeros. Era mucho más ligera y mucho más pequeña, lo cual era mejor para transportarla en la camioneta. En retrospectiva, debí haber comprado dos o tres de esas sillas porque tenían un precio razonable y le servían bastante bien a Nick, pero el negocio cerró unos años después.

Nuestro hijo no puede estrechar la mano ni abrazar, así es que su manera de establecer una conexión con la gente es haciendo contacto visual. Aun de niño, era tan bueno en eso que con frecuencia los adultos subrayaban su capacidad de comunicarse a través de los ojos. Entonces, era muy importante para él tener sillas de ruedas que lo llevaran a una altura normal de modo que no tuviera que ver hacia arriba a las personas de su alrededor.

Cuando estaba creciendo, e incluso de adulto, Nick ha tratado de descubrir cuál sería su altura si tuviera piernas. Calcula que de adulto habría medido alrededor de 1.80. Le gusta que coloquen su silla más o menos a esa altura, en especial cuando está con Kanae, lo cual es comprensible.

Nick se volvió muy hábil para manejar sus sillas motorizadas a muy temprana edad. Tuvo unos cuantos choques y percances a lo largo de los años, pero la mayoría de las veces las sillas acabaron por desgastarse o por quedarle chicas. Creo que antes de los veintiuno ya había tenido alrededor de cinco o seis. Tuvimos la suerte de que la mayoría fueron donaciones de organizaciones como el Lions Club.

LA VUELTA AL MUNDO EN SILLA DE RUEDAS

Ahora, por lo general Nick paga sus sillas de ruedas y no es un gasto menor porque tiene modelos más ligeros pero duraderos que puede llevar en el avión para sus viajes por el mundo. Tiene sillas de ruedas más rígidas en casa para moverse de un lado a otro de su hogar y para ir por la ciudad, con frecuencia llevando a bordo a su hijo y hasta a su esposa. La movilidad que una silla de ruedas motorizada proporciona le ha cambiado la vida y eso hace que Nick sienta mucha empatía con quienes no tienen los recursos para tener una.

Con el paso de los años, ha apoyado los esfuerzos de su mentor, Joni Eareckson Tada, cuya organización sin fines de lucro

Wheels for the World (Ruedas para el mundo) ha donado miles de sillas de ruedas a personas discapacitadas de todo el mundo. Y por lo menos en una ocasión mi hijo se ha bajado de su propia silla de ruedas hecha a la medida y se la ha dado a alguien que parecía necesitarla más.

Esto sucedió en el tramo final de casi seis meses de viaje en 2013. Nick, que estaba cansado al extremo por tanto tiempo de viaje, estaba dando una conferencia en Colombia cuando vio a un adolescente sin extremidades que tenía un pie pequeño. El chico estaba en una silla de ruedas manual. Nick quiso saber más sobre este joven. Con ayuda de un intérprete, el chico dijo que vivía en un pequeño pueblo pero que asistía a la escuela en la ciudad, la cual se encontraba a una hora de distancia. Todos los días, lo llevaban durante una hora a la parada del autobús que lo dejaba en la ciudad. Después de clases, hacía el viaje de vuelta a casa durante una hora más. Le dijo a Nick que quería continuar sus estudios pero que su falta de movilidad se había convertido en una gran preocupación.

Tal vez fue porque las discapacidades de ese adolescente eran muy similares a las de Nick. Tal vez porque se acercaba la Navidad. Pero, más que nada, como dijo Nick después: "Sentí que Dios me pedía que hiciera algo, que hiciera a un lado mis propias frustraciones y me enfocara en las necesidades que tenía frente a mí."

Nick hizo un intercambio de sillas de ruedas y obviamente el adolescente colombiano obtuvo la mejor parte del trato. De hecho, luego Nick mejoró el trato y agregó un generador para el adolescente y su familia cuando se enteró de que el pueblo donde vivía el chico no tenía electricidad, imprescindible para cargar la batería de la silla de ruedas. "Nunca había sentido a Dios obrar a través de mí de esa manera", dice Nick.

Una vez más nuestro hijo excedió todas nuestras expectativas e hizo que sus padres se sintieran orgullosos. Por cierto, Nick terminó la última parte de ese viaje en la silla de ruedas del adolescente colombiano porque no llevaba otra eléctrica de respaldo.

Peso completo

A medida que Nick crecía, sus sillas de ruedas se volvían más sofisticadas y pesadas. Su modelo actual pesa más de 80 kilos, sin Nick a bordo. La ubicación del motor y de las baterías es importante porque tienen que equilibrar el peso de la persona que va en la silla. Yo constantemente le decía a Nick que bajara la velocidad o tuviera cuidado cuando subía y bajaba por rampas o colinas cuando era niño porque me daba miedo que se fuera para atrás o que, al golpear algo, chocara y se fuera de boca. Mis advertencias le molestaban, estoy seguro, pero eso es lo que hacemos los padres, ¿cierto?

Como sabe cualquiera que necesite una silla de ruedas, el costo de la silla es sólo el principio. La mayoría de las personas necesitan un vehículo lo suficientemente grande para poder llevar la silla de un lado a otro y una forma de subir la silla a ese vehículo.

Durante las conferencias que Nick dio en Serbia en 2012, estaba con el tenista profesional Novak Djokovic y su familia en el restaurante de Novak. Entrada la noche, cuando lo tenían que dejar en su hotel, no había un taxi que tuviera el tamaño adecuado para transportar su silla de ruedas. El padre de Novak, que vivía cerca, fue a su casa, recogió su vehículo y amablemente llevó a Nick y a su silla al hotel.

Las sillas de ruedas eléctricas siempre son difíciles de transportar porque son pesadas. Hemos usado tanto elevadores hidráulicos montados en camionetas como rampas portátiles. Estas últimas son menos costosas y más prácticas en muchas formas, pero tienen que usarse con mucho cuidado. Los elevadores hidráulicos son aparatosos y caros, pero más fáciles de usar.

Cuando Nick tenía como seis años, teníamos una camioneta grande con un montacargas hecho a la medida que giraba hacia afuera del auto, bajaba al suelo y luego revertía el proceso para subir a Nick a la camioneta sentado en su silla. Era una herramienta muy útil que estaba conectada a la batería del coche automatizada por completo. Sin embargo, teníamos que asegurarnos de que Nick y la silla estaban firmes antes de mover el montacargas. En una ocasión, nuestro hijo y su silla salieron volando del montacargas hacia la banqueta y Nick se dio un buen golpe en la barbilla. Le quedó una cicatriz. Nick suele decir que esa cicatriz se debe a un duelo de espadas.

VIVIENDAS QUE PERMITAN ACCESIBILIDAD

Siempre que hemos construido o comprado una casa, buscamos planos abiertos sin pasillos o con pasillos muy amplios. Tener puertas anchas también es una prioridad para que Nick pueda tener acceso con su silla de ruedas. También procuramos tener regaderas de fácil acceso y colocamos repisas bajas para que Nick pueda usar jabón y champú bombeando con el pie.

La casa que construimos en Melbourne cerca de la escuela a la que Nick iba a asistir en Keilor Downs estaba diseñada para sus necesidades según las percibíamos en ese momento, incluyendo pisos que se calentaban, pues pasaba mucho tiempo en el piso y a veces el clima estaba helado. Nos quedamos en esa casa hasta que Nick cumplió nueve años. Luego nos mudamos a Brisbane, donde construimos una casa ligeramente distinta.

Estábamos descontentos con la falta de eficiencia del sistema de calentamiento del piso en un clima siempre cambiante. El sistema tardaba casi veinticuatro horas en calentar la loza que estaba debajo del piso y a menudo para ese momento el clima había cambiado y no era cómodo para Nick. Luego la loza necesitaba otro medio día o más para enfriarse, así que teníamos que abrir las ventanas para que fuera más cómodo.

Conforme Nick crecía, cada vez podía moverse mejor por sí mismo, ya fuera dando saltos o usando su silla de ruedas ajustable para permanecer en el piso. También podía entrar de un salto a la regadera, así que no necesitábamos una entrada hecha a la medida. En Brisbane, que tiene un clima subtropical, pocas veces necesitábamos un calentador o calefacción. Usábamos aires acondicionados de ciclo reversible principalmente para enfriar en verano, pero también para calentar cuando necesitábamos sacar un poco el frío en algunas noches y mañanas de invierno.

¿Vivir sin extremidades?

Los avances tecnológicos y una mayor accesibilidad han sido benéficos, pero Nick no ha abandonado su sueño de un milagro. Sigue guardando un par de zapatos en su clóset en caso de que Dios decida un día darle brazos y piernas. Con los años, muchas personas le han sugerido probar extremidades hechas por el hombre mientras espera que Dios responda sus plegarias. Esta opción se ha vuelto cada vez más atractiva en años reciente a medida que la ciencia y la tecnología han avanzado enormemente en la fabricación de extremidades protéticas.

Dushka y yo alguna vez pensamos que los brazos y piernas artificiales podrían ser una bendición para nuestro hijo, pero nuestras primeras experiencias en este terreno no resultaron como esperábamos. Cuando Nick tenía cuatro años y medio, el Lions Club de Melbourne y Wholesale Produce Market comenzaron una campaña nacional para recaudar fondos con el fin de darle extremidades artificiales. Sus esfuerzos resultaron en la creación de un fideicomiso para financiar esta costosa empresa.

Antes de darnos cuenta, el Lions Club había hecho los arreglos necesarios para que Nick, acompañado por Dushka y nuestro hijo más pequeño, Aarón, viajaran de Australia a una clínica muy prestigiosa en Toronto, Canadá. Air Canada proporcionó el pasaje aéreo sin costo. Los invitaron a hospedarse en casa de una familia de Toronto durante las seis semanas de la visita. Yo no podía ir porque en esa época estaba trabajando como contador y estaba estudiando en la universidad para terminar la carrera de negocios y conseguir un trabajo mejor remunerado.

Nuestro interés en las prótesis había aumentado después de que supimos de una mujer mayor, víctima de talidomida, a quien le pusieron brazos mioeléctricos, que usan electrodos para captar las pequeñas señales generadas por los músculos cuando se contraen. Los brazos artificiales pueden programarse para responder a señales eléctricas. También se pueden usar para abrir y cerrar una mano protética en un brazo artificial.

No estábamos seguros de su esto funcionaría en el caso de Nick porque las cuencas de sus brazos están vacías, así que colocar una prótesis parecía difícil. Sin embargo, pensamos que valía la pena visitar al equipo de Toronto y ver qué se les ocurría para el caso de Nick. Nuestro hijo estaba muy emocionado con esa posibilidad.

El nombre de la clínica de Toronto era Centro de Rehabilitación Hugh MacMillan (que actualmente se conoce como Hospital de Rehabilitación Infantil Holland Bloorview). Dushka descubrió que era un lugar con instalaciones de primer nivel y un equipo profesional y atento. Ella y Aarón pasaron muchas horas en el laboratorio con Nick, el paciente estrella.

Las primeras tres semanas se fueron valorándolo, midiendo su pequeño cuerpo y aplicando yeso para hacer un molde de modo que pudieran hacer una estructura a la medida. Cuando Nick no estaba siendo observado, pinchado o enyesado, él y su hermano iban y venían por los corredores, haciendo amigos y jugando con los demás niños de la sala de espera.

Nos encantó que la clínica también le dio a Nick clases de natación, que impartía un terapeuta ocupacional en la alberca del centro. Ya había aprendido a flotar, pero esas sesiones le dieron más confianza y mejores técnicas. Le encantaba crear su propio remolino al ponerse a girar en el agua con ayuda de su pie.

Una tarea difícil

Lamentablemente, también hubo muchas frustraciones y decepciones en esta primera experiencia con las prótesis. La meta original era darle a Nick brazos y manos mioeléctricos de punta controlados por contracciones musculares y electrodos, pero muy pronto el equipo de prótesis se dio cuenta de que el particular cuerpo de Nick no estaba hecho para esa tecnología. Como sus brazos no se habían llegado a formar, no había suficiente tejido muscular con el cual trabajar.

Su plan B era colocarle el modelo mecánico antiguo, en el que Nick debía operar manualmente los brazos y manos artificiales con interruptores. El marco de metal de las prótesis mecánicas estaba hecho de un material ligero, pero era pesado. Una vez que colocaron los brazos al montarlos sobre sus hombros en una estructura de plástico donde estaban sujetos los brazos y las manos, trabajaron muchas horas para enseñarle cómo operar los interruptores.

Dushka dice que fue una experiencia muy emotiva ver a Nick decidido a luchar para manipular los brazos y manos. Fracasó una y otra vez, pero ni una sola vez se dejó vencer por la frustración. Nuestro hijo era muy paciente y perseverante para aprender nuevos movimientos muy complejos para realizar tareas con los aparatosos brazos y manos mecánicos.

Nick tenía que torcer el torso en formas extrañas para posicionar los brazos y manos correctamente, pero al final aprendió a agarrar objetos, incluyendo cucharas y tazas, de modo que podía tomarlas, moverlas hacia su boca y alimentarse solo.

Para Dushka era un poco surrealista ver al pequeño Nick sentado en su silla, con una playera, con los brazos colgando y las manos cerradas. Desde una corta distancia, las extremidades de plástico color carne se veían muy realistas. Tomó fotos y me las mandó. Por primera vez, nos dimos idea de cómo se habría visto si hubiera tenido miembros superiores. ¡Vaya!

Estábamos agradecidos con el personal del centro y con todas las personas que hicieron posible que a nuestro hijo le colocaran los miembros artificiales y lo entrenaran para usarlos. Dicho esto, nos decepcionó que en ese momento las prótesis más avanzadas no fueran adecuadas para Nick. También nos dimos cuenta de que se necesitaría mucho tiempo de ajuste y de práctica antes de que Nick se sintiera natural usando los brazos mecánicos, en especial en la escuela.

Dejarlo ir

Cuando Dushka y los chicos regresaron a casa, le hicimos saber a Nick lo orgullosos que estábamos de que se hubiera esforzado tanto y hubiera aprendido a usar los brazos mecánicos. Se los ponía todos los días para practicar y se volvió bastante adepto a usarlos. Podía tomar la comida y llevársela a la boca, rascarse la cabeza y hasta estrechar la mano de alguien. En los primeros meses, disfrutó ser capaz de recoger y jugar con sus juguetes. Las manos artificiales le daban a Nick un fuerte agarre. Su hermano pequeño, Aarón, aprendió a mantenerse fuera de su alcance porque a Nick le gustaba picarlo o darle un apretón.

Sin embargo, la experiencia global no era tan buena. Aunque Nick trató durante más de un año de usar las prótesis mecánicas, hubo varias razones por las que al final la experiencia fracasó. Sin importar con qué frecuencia se las pusiera y practicara con ellas, no había cómo escapar al hecho de que ese modelo en particular le resultaba muy incómodo y difícil de usar durante un largo rato a nuestro pequeño.

Nick se quejaba de que llevar las prótesis le ocasionaba dolor de espalda. Ésa era una gran preocupación para nosotros debido a su escoliosis y a la vulnerabilidad de su columna. El marco de metal cubierto de plástico duro también hacía que el cuerpo de Nick se calentara y ése era un problema grave porque, si su temperatura corporal se elevaba demasiado, desarrollaba un sarpullido, se sentía incómodo y transpiraba mucho.

Por último, estaba el hecho de que esta prótesis en particular no hizo mucho por mejorar la calidad de vida de nuestro hijo. De muchas maneras, usarlas era más difícil. Nick ya había creado formas de realizar la mayoría de las tareas y sus métodos por lo general eran más simples, le resultaban más fáciles y se sentían más naturales.

Apreciamos los esfuerzos que todos hicieron por Nick, pero, después de más de un año de verlo luchar con las prótesis, no fue una decisión difícil dejarlas de lado y volver a la naturalidad.

Lo dejó ir. Muchas personas habían sugerido que exploráramos esa opción y me alegra que lo hayamos hecho. También tomamos en consideración el hecho de que tendrían que reacondicionar a Nick por lo menos cada dos años conforme iba creciendo. Eso no sólo hubiera sido caro, sino que lo hubiera hecho tener que pasar muchas horas más en clínicas para que lo valoraran, picaran con agujas y movieran de un lado a otro.

Hubo momentos durante la experiencia de Toronto, y muchas veces en el transcurso de los años en otras clínicas y hospitales, en que Dushka y yo sentimos que ya era suficiente. Parecía invasivo, impersonal y a veces explotador. En ocasiones no recibíamos ninguna retroalimentación útil. Ver a nuestro hijo luchar valientemente para complacer a sus médicos y a sus padres a veces nos dejaba preguntándonos si el esfuerzo valía la recompensa. Los instintos maternales de Dushka siempre indicaban proteger la calidad de vida y la autoestima de Nick. Sentíamos que había tenido más que suficientes dificultades en la vida sin necesidad de someterlo a estrés y tensión innecesarios.

Exámenes y piquetes

Con los años descubrimos que como el hecho de que un bebé nazca sin extremidades es bastante poco común, había médicos e investigadores que simplemente tenían curiosidad o sentían que examinar a Nick sería útil para sus trabajos e investigaciones. Algunos pedían que lleváramos a Nick a congresos de medicina; otros que les enviáramos sus rayos x. Llegamos a un punto en que decidimos no cooperar a menos que hubiera un beneficio tangible para Nick o un nuevo desarrollo tecnológico o en los procedimientos médicos. Por supuesto, ahora Nick es adulto y esas decisiones le corresponden a él.

Nick probando
sus prótesis
de brazos para bebé.

Un día en la playa con su papá.

La familia Vujicic
hace algunos
años.

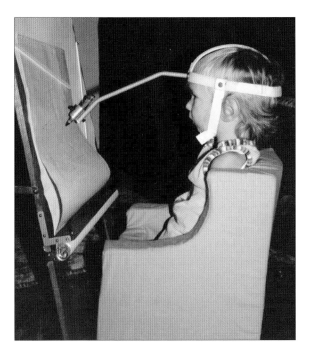

"Yo puedo hacerlo."

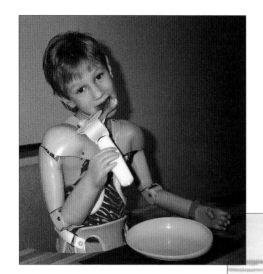

Siempre determinado
a vivir una vida sin límites.

Aventuras
deportivas.

Más aventuras deportivas.

Nuestra familia hoy en día, de izquierda a derecha: Kanae, Kiyoshi,
Nick, Boris, Dushka, Dejan, Michelle,
nuestra nuera Michelle y Aarón.

Nick inspirando
a jóvenes.

Padre orgulloso e hijo.

La plataforma de Nick se extiende en todo el mundo.

A lo largo de los años, consideramos probar extremidades artificiales más avanzadas, pero siempre decidimos que su calidad de vida no mejoraría de manera significativa. Tal vez Nick quiera probar de nuevo algún día porque es cierto que ha habido avances considerables. Algunos investigadores dicen que los cirujanos serán capaces de trasplantar extremidades completas en unos años. Eso abre toda clase de posibilidades interesantes.

Las guerras recientes por todo el mundo han resultado en un número sorprendente de amputaciones. Como consecuencia, el gobierno de Estados Unidos se ha convertido en un inversionista importante en el desarrollo de miembros artificiales. La tecnología ha avanzado rápidamente y ahora incluye prótesis más ligeras y que están más próximas a funcionar como extremidades reales. Además, ahora existen exoesqueletos robóticos que se colocan sobre el cuerpo o sobre algunas partes del cuerpo, muy semejante al que usa el personaje ficticio de Iron Man.

Esas nuevas tecnologías y avances médicos son fascinantes, pero también está el hecho de que Nick se ha creado una vida maravillosa, tal y como está. Quizá decida dejar las cosas así.

Desde mi punto de vista como su padre, lo único que me preocupa es que tenga una buena calidad de vida y que esté rodeado de gente que lo quiere, que se preocupa por él y que sólo busca lo mejor para él. No necesito a Iron Nick ni a RoboNick. Soy muy feliz simple y sencillamente con Nick, quien es un hijo de Dios increíble y una bendición para todos nosotros.

Ideas para llevar

- Conviértete en el experto médico de la salud y necesidades de tu hijo y prepárate para luchar por lo que sea mejor para su bienestar a largo plazo. Nadie se preocupará tanto como tú.

- Es importante que conozcas las leyes que rigen los derechos en materia de salud de los niños discapacitados y con necesidades especiales en tu comunidad, estado y país para que puedas ser un abogado eficaz.

- Prepárate para cada visita al hospital, con el médico o el terapeuta de modo que sepas qué preguntas hacer.

- Lleva notas y un historial médico detallado en tu celular, tu computadora portátil o de escritorio por si hubiera una emergencia. Tus registros deberían incluir todas las cirugías, tratamientos por enfermedades, lesiones y alergias, así como todos los medicamentos con o sin receta. Nunca confíes en que tu médico o el doctor de la sala de emergencias conocen el historial médico completo de tu hijo.

- Saca el mayor provecho de todos los recursos médicos y de salud, incluyendo grupos de apoyo relevantes para las necesidades de tu hijo, foros en línea, sitios de internet y blogs especializados. Sin embargo, ten cuidado con la información que hay en internet y nunca sigas un consejo a menos que el médico de tu hijo esté de acuerdo o lo hayas consultado a fondo con otros expertos y padres de familia.

- Haz tu mejor esfuerzo por mantener una buena relación con los médicos, enfermeras, terapeutas, cuidadores de tu hijo, así como con el personal de los consultorios y hospitales a los que lo llevas al tiempo que les informas que lucharás con todas tus fuerzas por conseguir el mejor tratamiento para tu hijo.

6. HERMANOS Y HERMANAS
Proporciona a los hermanos
todo lo que ellos también necesitan

*A*ntes de que naciera Nick, Dushka y yo habíamos planeado tener más de un hijo. Después, no estábamos tan seguros de que fuera buena idea. Consultamos con médicos, que nos aseguraron que era extremadamente poco probable que tuviéramos otro hijo con discapacidades físicas similares.

No obstante, nos preguntábamos si la mutación genética que se pensaba era la causa de la falta de extremidades de Nick estaba relacionada de alguna manera con algo en el ambiente que pudiera afectar a cualquier otro hijo que pudiéramos tener. Dushka incluso creía que los defectos de nacimiento de Nick podían estar relacionados de alguna manera con los rayos x a los que había estado expuesta cuando trabajaba en hospitales. Nos molestaba el hecho de que no había una causa precisa, innegable de la discapacidad de nuestro primer hijo.

Dushka y yo tuvimos muchas conversaciones sobre si debíamos tener más hijos y correr el riesgo. Hay los que dicen que tener hijos es un acto egoísta. Nosotros no creemos eso. Creemos que es una expresión de amor. La Biblia dice que los niños son una bendición de Dios. Nick sin lugar a dudas lo ha sido, pero en esa época estábamos preocupados por si seríamos capaces de criar a otro hijo con discapacidades y al mismo tiempo darle a Nick todo lo que necesitaba para tener una buena vida.

Ésta era una decisión difícil y que estoy seguro muchos padres tienen que tomar si ya están cuidando a un hijo con necesidades especiales. También es un asunto muy personal marcado por una amplia gama de circunstancias, de modo que no puedo ofrecer consejos generales a otros padres de familia. Dushka y yo tomamos la decisión de intentar tener otro hijo con base en el hecho de que nuestros médicos nos decían que debíamos estar tranquilos al respecto.

También tomamos en consideración que Nick había resultado ser una carga mucho menor de lo que originalmente pensamos. Ya nos había dejado muy claro que era un pequeño activo, inteligente y decidido. Nick no necesitaba supervisión constante. Ése no es el caso con niños que padecen discapacidades más graves que tienen que ser monitoreados las veinticuatro horas del día. Dushka y yo quizá habríamos tomado una decisión diferente si nuestro hijo hubiera requerido de un cuidado más sustancial a causa de discapacidades mentales o discapacidades físicas más severas. Estábamos agradecidos de que Nick fuera capaz de hacer muchas cosas por sí mismo aun sin tener brazos ni piernas. Una de nuestras consideraciones al decidir si teníamos por lo menos un hijo más era el que pensábamos que Nick se beneficiaría de tener hermanos que lo aceptaran y amaran de manera incondicional.

Bueno, admitiré que hubo otro factor. Dushka quería tener una hija además de nuestro hijo. Una vez más, nuestros planes no funcionaron exactamente como habíamos esperado en ese momento. Nick no tenía todavía dos años cuando Dushka se volvió a embarazar. Todos estaban felices por nosotros. Si alguien de entre nuestros familiares y amigos tenía alguna preocupación, no lo mencionaba.

Le pedimos a nuestro médico que revisara una y otra vez a profundidad los sonogramas durante el embarazo. Nos dijo que se trataba de otro varón, pero que sus extremidades podían verse y parecían normales. Estábamos contentos con otro niño. Pensamos que otro hijo podría ser un compañero de juegos para Nick si todo salía bien y siempre podíamos volver a intentar tener una niña.

AMOR DE HERMANOS

Aunque nuestros médicos siempre nos tranquilizaron, nos sentimos aliviados cuando Aarón, nuestro segundo hijo, nació sin discapacidades. No pudimos evitar revisar rápidamente a ese bebé para asegurarnos de que todos sus miembros y dedos estaban en su sitio. Con este hijo, Dushka tuvo un parto menos estresante y había mucho que celebrar.

Le pusimos el nombre Aarón, por el personaje bíblico que sirvió como una fuente de apoyo para su hermano, Moisés, aunque en su caso Aarón era el mayor de dos hermanos. La Biblia nos cuenta que Moisés y Aarón lucharon codo a codo contra el faraón a lo largo de todas las plagas y la marcha fuera de Egipto. Nos gustaba esa idea y ha resultado cierta para nuestros dos hijos, quienes se han apoyado en las buenas y en las malas. La Biblia también describe a Aarón como el vocero designado para Moisés. Tal vez recuerdes que en el capítulo anterior comenté que fue Aarón quien vino a vernos con la advertencia de que Nick estaba pensando suicidarse antes de cumplir veintiún años. Aparentemente habíamos elegido un buen nombre para él.

Las Sagradas Escrituras cuentan cómo los hermanos tuvieron muchas aventuras juntos y eso resultaría cierto también en el caso de Nick y Aarón. Muy pronto, Aarón creció más que Nick, y teníamos que echarle un ojo porque le gustaba tratar de levantar a su hermano y moverlo por ahí. A Nick no le encantaba y había transmitido su molestia al morder a Aarón o picarlo con la barbilla o con su pie izquierdo cuando eran pequeños. El hermano pequeño aprendió a mantenerse al margen.

La agilidad de Nick incluso a muy temprana edad era de admirarse. Cuando Aarón intentaba quitarle uno de sus juguetes, Nick solía usar su cuerpo para bloquearlo, como un jugador de futbol que protege la pelota de su oponente. Sin embargo, la mayor parte del tiempo se llevaban bien.

Hay una dinámica distinta, por supuesto, cuando el hijo discapacitado no es el mayor. He escuchado a otros padres decir que sus hijos mayores tuvieron problemas para adaptarse a sus hermanos más pequeños que tenían discapacidades porque la familia se vio drásticamente alterada.

Nosotros no enfrentamos ese problema porque tuvimos dos hijos cuando Nick ya estaba. Lo aceptaron tal y como era y en realidad nunca tuvieron preguntas sobre por qué era distinto a ellos hasta que alcanzaron la edad escolar. Aarón y más adelante Michelle no dudaban en ayudar a Nick si veían que necesitaba algo. Simplemente estaban imitando lo que nos habían visto hacer por él a Dushka y a mí.

Las comidas eran interesantes cuando eran pequeños porque todo el mundo buscaba asegurarse de que Nick tenía lo que necesitaba. Los otros niños le ayudaban a cortar su comida, le ponían popotes a sus bebidas e incluso le daban de comer con una cuchara o tenedor. A nadie se le pedía o se le designaba para alimentar o ayudar a Nick en las comidas familiares. Simplemente le dábamos lo que necesitaba en el momento en que lo necesitaba. Era algo muy natural para nosotros que cuando los niños tenían invitados ellos también se unían y no dudaban en alimentar a Nick mientras platicaban y se hacían bromas unos a otros.

Papeles equivocados

Pueden surgir problemas si el niños discapacitado domina a sus hermanos, se vuelve demasiado dependiente de ellos o exige que atiendan sus necesidades y los trata como cuidadores o sirvientes en vez de respetar su papel como hermanos y hermanas.

Tuvimos el cuidado suficiente de asegurarnos de que Nick no dominara el tiempo de Aarón cuando eran pequeños. Logró no hacerlo cuando crecieron, pero, al inicio, tuvimos que establecer algunas reglas porque Nick a veces era un poquito mandón.

Cuando un hermano pequeño se ve obligado a asumir responsabilidades por un hijo discapacitado que le corresponden a la madre o al padre, existe la posibilidad de que pueda disminuir la calidad de las experiencias conjuntas de los hermanos durante su niñez. Los psicólogos denominan esto parentificación y dicen que puede afectar el crecimiento emocional de los hermanos.

Dushka y yo aprendimos a estar alertas respecto a esto y a muchos frentes más en lo que respectaba a la relación entre Nick y Aarón y a nuestro tercer bebé; Michelle, nuestra hermosa hija que nació sin ninguna discapacidad dos años y medio después que Aarón. Dushka estaba encantada de que hubiera otra mujer en casa y por supuesto yo también. Michelle resultó ser un igual de sus hermanos y, de hecho, los dos la consentían. Se dice que las relaciones entre hermanos se encuentran entre las más complicadas, apasionadas y duraderas que podemos llegar a establecer. Cuando uno de ellos tiene necesidades especiales, los demás pueden verse afectados en formas tanto positivas como negativas. Dushka y yo siempre estuvimos conscientes de eso y también sabíamos que podíamos tener un impacto en la forma en que la balanza se inclinaba, esto en el caso de nuestros hijos.

Habíamos oído hablar de hermanos que crecían con resentimiento o que se sentían abrumados o avergonzados por el hijo discapacitado de la familia. En algunos casos, los hermanos de niños discapacitados se sienten culpables porque ellos son normales o están sanos y sin discapacidades. Otros hermanos sienten que tienen que alcanzar grandes logros y nunca hacer nada mal, sobresalir en todo lo que hacen para, así, no ocasionar más estrés a sus padres.

Evidentemente, no queríamos que ninguno de esos sentimientos negativos ni presiones afectaran a nuestros hijos ni la relación entre ellos. Para ayudarles a formar lazos duraderos y amorosos, hicimos nuestro mejor esfuerzo para darles a Aarón y Michelle todos los elementos para comprender las discapacidades de Nick, sus orígenes y lo que podía y no hacer por sí mismo. También intentamos darles a nuestros otros dos hijos el mismo tiempo y la misma atención de modo que no se sintieran abandonados ni menos importantes que Nick.

El personaje bíblico Jacob cometió un grave error cuando mostró favoritismo por su hijo más pequeño, José, y le dio un abrigo especial de muchos colores. Los padres pueden caer fácilmente en la trampa de favorecer y consentir al hijo menor, a veces porque los demás hijos los han agotado y ya no les queda energía.

Los niños aprenden los valores de justicia y equidad de sus padres y nosotros hicimos nuestro mejor esfuerzo para ser buenos ejemplos para ellos. También les enseñamos que en la Biblia, el apóstol Santiago aconsejaba tratar a todos por igual y no despreciar ni hacer menos a los pobres o a los menos privilegiados.

FIJAR LÍMITES

Había otra cara en el tema de la justicia. No queríamos que Nick se aprovechara injustamente de sus hermanos por su situación. A veces hay una tendencia entre los padres de niños discapacitados de consentirlos en vez de disciplinarlos. Entiendo por qué. Un niño que nace con discapacidades viene al mundo con una carga más pesada que la mayoría.

En ocasiones, los padres sienten que un niño con discapacidad merece más indulgencia o que no lo presionen tanto. Esa filosofía puede surgir de buenas intenciones, pero sin duda alguna traerá problemas en el camino. Este enfoque podría hacer más difícil la vida de los niños discapacitados. Todos los niños necesitan límites.

Un niño discapacitado que crece sin límites quizá no tenga disciplina, habilidades sociales o inteligencia emocional de adulto. Los hombres y mujeres con discapacidades pueden vivir vidas independientes, pero con frecuencia se apoyan en la amabilidad de los demás para aligerar su carga. Nadie quiere ayudar a una persona egoísta, demandante, controladora o egocéntrica... esté discapacitada o no.

Hay métodos positivos para disciplinar a los niños que incluyen ayudarles a entender cuál es un comportamiento inapropiado y a guiarlos a saber qué es lo adecuado: "Morder a tu hermano si agarra tu juguete no está bien. Si no te lo da, dime o busca otra cosa con qué jugar. ¿Entiendes?"

La disciplina y el castigo deben corresponder al crimen cometido y deberían ser consistentes de modo que tu hijo aprenda a distinguir el bien del mal y a respetar a los demás. Si el mal comportamiento se intensifica, los padres necesitan hacer más severo el castigo al separar al niño, retirarle alguno de sus privilegios y cancelar sus actividades favoritas hasta que se vuelva a portar bien.

Nick siempre ha tenido una personalidad fuerte, que incluye una voluntad fuerte y toneladas de determinación, así que de niño necesitaba mucha guía. Tuvo que aprender a tener límites y soportar las reglas. Como muchos niños, prefería jugar videojuegos y andar en patineta a hacer su tarea de la escuela y sus labores domésticas. Nosotros teníamos horarios muy establecidos para la tarea y las labores domésticas, así como para jugar.

Encontrar el equilibrio

Nuestra regla de base era la regla de oro que menciona Jesús: "Haz a los demás lo que quieres que te hagan a ti" y "Ama a tu prójimo como a ti mismo". Nick no era en absoluto un niño grosero, pero a veces esperaba que los demás hicieran lo que él quería, sin importar si era lo que ellos querían o no. Si notábamos que Nick estaba exigiéndole mucho a Aarón o que le daba órdenes, interveníamos. Conforme los niños iban creciendo, una que otra vez tuvimos que recordarle a Nick que Aarón no era su sirviente y que, si necesitaba ayuda, debía pedirla amablemente. Considero que fue una experiencia de aprendizaje para ambos chicos.

Los hermanos y hermanas mayores a menudo intentan mandar a sus hermanos menores. El único punto en el caso de un hermano discapacitado es que Aarón se sentía más obligado a seguir las órdenes de Nick (o más culpable por no cumplirlas) porque había algunas cosas que Nick no podía hacer solo. No queríamos que Nick abusara de eso ni que dominara el tiempo de su hermano pequeño. La lección más amplia que le dimos a Nick era que no debía sentirse con el derecho a recibir la ayuda de los demás. En cambio, debía ser humilde y agradecido con quienes lo apoyaran y ayudaran, fueran sus hermanos, maestros, asistentes de los maestros, compañeros del salón, amigos o cuidadores profesionales.

Esperábamos que Aarón amara a su hermano y quisiera serle útil, pero lo tranquilizamos diciéndole que no tenía que hacer todo lo que Nick le pidiera. Fue un equilibrio delicado. También temíamos que Nick se volviera demasiado dependiente de Aarón para que hiciera cosas por él. Esto se evidenció cuando Aarón entró a la adolescencia y empezó a invitar amigos a dormir a la casa. Se levantaban en la mañana después de que Dushka y yo habíamos salido a hacer cosas, así que Nick, como hermano mayor, alegremente tomaba el mando.

—Buenos días, chicos. ¿Quieren que les haga algo de desayunar? —les decía a Aarón y a sus invitados.

—Sí, Nick —contestaban.

—Muy bien. Aarón, saca los huevos. Trae el sartén. Rompe los huevos en el sartén, luego enciende la estufa…

Obviamente, nadie esperaba que Nick hiciera el desayuno, pero todos disfrutábamos el hecho de que se ofreciera a hacerlo para Aarón y sus amigos y luego, sin ningún reparo, pusiera a Aarón a hacerlo… ¡y que su hermano lo hiciera sin ninguna objeción!

Con frecuencia así es la dinámica de los niños discapacitados y sus hermanos y, mientras sea una relación benéfica para ambos, amorosa y aceptada, no hay problema. Al crecer, llegó un punto en el que Aarón defendió su independencia, algo que esperábamos y recibimos con mucha alegría. Queríamos que tuviera su propia identidad más allá de ser el hermano de Nick.

Lo mismo es cierto en el caso de nuestra hija, Michelle, quien ahora es una enfermera certificada que también tiene un título como productora musical. Cuando eran pequeños, Nick la paseaba en su silla. Cuando nuestros tres hijos jugaban juntos, se adaptaban a las discapacidades de Nick de una manera muy natural. Sólo había algunas quejas de que Nick tenía ventaja al jugar a las escondidas porque cabía en lugares donde nadie más podía meterse, incluyendo cómodas y canastas para la ropa sucia.

Un juego de hermanos

Michelle pasaba más tiempo jugando con sus primas y amigas de la escuela que con sus rudos hermanos. Sin embargo, se las arreglaba perfectamente cuando estaban juntos. Era un poco masculina y no dejaba que nadie la molestara. De hecho, a veces mantenía a sus hermanos a raya... y bajo el agua al mismo tiempo.

A Nick y Aarón les gustaba surfear todo el día. Nick se acostaba en una tabla de surfear y Aarón lo jalaba hacia el agua hasta que Nick lograba volar por encima de las olas. Hasta hace muy poco nos enteramos de que uno de los juegos preferidos de Michelle cuando era niña era usar a Nick como tabla de surfear.

A Nick siempre le ha gustado nadar porque tiene más movilidad en el agua que en la tierra. Nuestros demás hijos usaban flotadores en los brazos para mantenerse a flote. Nick no podía hacer eso, pero él mismo era como un gran flotador. Sin el peso de brazos y piernas, puede flotar sin patalear por horas con el simple hecho de mantener un poco de aire en sus pulmones.

El libro de Nick *Un espíritu invencible* refleja en el título su feroz determinación, pero además de imposible de vencer, es imposible de hundir, porque siempre tenemos un poco de aire en nuestros pulmones. Así fue como se originó que Michelle usara Nick como tabla de surfear. Uno de los juegos de infancia de Nick era ver cuánto podía aguantar debajo del agua sin respirar (créeme, lo monitoreábamos de cerca luego de que nos contó sobre su intento de suicidio). Sin embargo, Nick tenía problemas para mantenerse en el fondo de la alberca porque no dejaba de subir a la superficie. Su solución era nadar hasta el fondo de la sección profunda y permitir que su hermana pequeña, encantada, se parara sobre su espalda mientras contaban el tiempo.

Michelle intentaba mantenerse a bordo de su hermano hasta que él pateaba con su pie izquierdo para indicar que quería salir a la superficie. Asumo que Nick trataba muy bien a su hermana para que ella no decidiera un día surfear sobre él más allá de su capacidad pulmonar.

Aparentemente, Nick aún disfruta este jueguito, porque hace poco Kanae, su esposa, posteó una foto suya parada sobre Nick mientras él estaba al fondo de la alberca de su casa. Ellos dicen que los mejores matrimonios están construidos con base en la confianza ¡y vaya que un hombre tiene que confiar en su esposa para dejarla hacer eso!

NICK, EL PESCADOR

Pescar en la costa de Australia o en sus lagos y ríos era uno de los pasatiempos familiares más disfrutables cuando los niños eran pequeños, en parte porque todos podían participar. Eso no les importaba a los peces al otro extremo de la línea. Nick se convirtió en el pescador más ávido de la familia. Le compramos un riel que funcionaba con baterías para que pudiera recuperar la línea y colocar el anzuelo al sostener la caña entre la barbilla y el hombro y luego mecer el cuerpo para mandarla volando.

Si Nick pescaba algo grande, lo amarrábamos a una silla o Michelle y Aarón lo sostenían mientras todos lo ayudábamos a jalar al pez. La mayoría de las veces Nick no necesitaba nuestra ayuda. Era un pescador muy talentoso pero no siempre era muy paciente de niño. Acostumbraba jalar la línea para acomodar el anzuelo antes de que el pez estuviera listo.

Si estaba pescando desde la tierra y algo grande picaba, la táctica habitual de Nick era sostener la caña y saltar hacia atrás hasta llevar el pescado a la orilla. Una vez, no tuvo suficiente espacio para hacer eso al momento de pescar un gran pez en el río. Estaban teniendo una terrible batalla. El pez era demasiado grande para atraerlo con el riel automático, así que Nick decidió jalar la línea girando sobre su propio eje. Logró llevar el pez a tierra, pero nos tardamos casi una hora en desenredar a Nick de la caña de pescar. Le dijimos que era mejor pescador que riel.

Les enseñamos a nuestros hijos a ser generosos entre sí y a nunca asumir que el otro siempre iba a estar ahí. Al parecer se tomaron al pie de la letra nuestra lección, pero eso no quiere decir que fueran unos angelitos ni que nunca se pelearan. Nuestros hijos tenían disputas normales de hermanos y de vez en cuando les teníamos que recordar que la que mandaba era Dushka.

Nuestros demás hijos de vez en cuando sacaban la "carta de Nick". Michelle y Aarón hicieron una pequeña rebelión cuando les dijimos que tenían que ganarse su domingo haciendo tareas domésticas. Resaltaron el hecho de que a Nick no se le había pedido que se ganara su domingo haciendo tareas domésticas. Michelle dejó ver su lado dramático cuando dijo: "¡Ojalá hubiera nacido sin brazos ni piernas para no tener que limpiar!"

Ese comentario llamó nuestra atención. Tuvimos una pequeña charla con Michelle para darle una perspectiva fresca sobre todas las dificultades que su hermano mayor tenía que enfrentar a causa de su discapacidad. No obstante, también tuvimos que darle la razón de que quizá Nick no debía tener un trato distinto al de sus hermanos en relación con las tareas domésticas.

Había demostrado que era capaz de sostener una caña de pescar, usar un bat de beisbol y usar palos de golf colocándolos entre la barbilla y el hombro. Pensamos que también podía usar así la aspiradora. Era compacta, de modo que no era muy pesada. Nick no estuvo muy feliz que digamos cuando añadimos su nombre a la lista de tareas de la casa, pero pronto lo aceptó y le entró.

Desde ese momento en adelante, no dejamos a Nick fuera de nada. Tenía que hacer su cama y mantener limpia su habitación al igual que sus hermanos. Tal vez pienses que era pedir demasiado o por lo menos te estés preguntando cómo puede hacer la cama alguien que no tiene brazos ni piernas. De hecho, Nick aceptó el reto y se las arregló para encontrar la manera de poder hacerlo. No digo que su cama estaba tan bien hecha que hubiera pasado la inspección de un sargento de la Marina, pero la verdad lo hacía bastante bien.

Dushka y yo pasamos mucho tiempo animando a Nick, festejando cuando lograba hacer alguna tarea y ocupándonos de su atención médica y su educación. Había obstáculos por superar en muchas áreas de su vida. Sin embargo, siempre estábamos conscientes de que Aarón y Michelle también necesitaban nuestra atención, si no igual, por lo menos lo más posible. No queríamos que se sintieran ignorados ni menos amados que Nick.

Por supuesto, en cualquier familia, educar a los niños requiere de un delicado equilibrio. Cuando hay un niño discapacitado, la necesidad de dar a cada niño la atención adecuada se vuelve un reto aún mayor. No había duda de que debíamos pasar más tiempo atendiendo las necesidades médicas de Nick, así como su educación y cuidados diarios. Compensábamos esta situación lo mejor que podíamos enfocándonos en Aarón y Michelle en todas las oportunidades posibles y animando a Nick a hacer lo mismo.

Tuvimos que ser cuidadosos en cómo lograr un trato equitativo, en especial cuando animábamos a nuestros otros dos hijos más pequeños a participar en actividades que Nick simple y sencillamente no podía hacer. No queríamos que se sintiera dejado de lado ni triste porque él no podía participar, pero queríamos animar a los demás. Cuando Aarón tenía como nueve años, nos pareció que sería bueno que se involucrara en actividades deportivas, así que lo inscribimos en el club de soccer infantil. Queríamos que compitiera con otros niños y que hiciera amigos fuera de la familia para que pudiera constituir su propia identidad y círculos sociales.

Al mismo tiempo, sabíamos que ver a su hermano menor jugando futbol y haciendo amigos podía hacer que Nick se sintiera triste o dejado de lado. Nick por lo general no era propenso a la autocompasión, pero le encantaba el futbol y a menudo decía que desearía poder correr en la cancha con los demás niños. Cuando Nick era más chico y más cercano a Aarón en cuanto a tamaño, era muy difícil vencerlo al jugar futbol en la sala con su hermano y sus primos. En ese pequeño espacio, Nick no tenía que moverse mucho y su pie izquierdo era un arma poderosa para los goles de rango corto. También era bastante bueno con los cabezazos y no sólo en el soccer.

En YouTube hay por lo menos un video en donde se ve a Nick encestando una pelota de básquetbol de un cabezazo y él insiste en que sólo tuvo que practicar un par de veces antes de lograrlo. Luego lo hizo parado en un escritorio en frente de un gimnasio lleno de gente (www.youtube.com/watch?v=v0813_sebeA).

Nick mostró una muy buena actitud con relación al hecho de que su hermano jugara en el club de soccer. Dushka y yo sabíamos que no era fácil para él quedarse al margen y nos dolía en el alma, pero Nick apoyó a Aarón y lo animó y, por supuesto, le ofreció consejos de hermano mayor.

Tristemente, los niños con discapacidades llegan a un punto en el que se topan con las limitaciones que los separan de los demás niños. Como padre, quieres mantenerte positivo. Animas a tus hijos a hacer su mejor esfuerzo. Quieres que se atrevan a elevarse por encima de las expectativas. No obstante, la realidad es que, a pesar de su entusiasmo por los deportes, Nick no podía competir al mismo nivel que otros niños. Tiene una naturaleza competitiva, así que para él fue difícil aceptarlo y para nosotros ser testigos.

Nick lo manejó bastante bien. No anduvo lloriqueando por ahí ni sintiendo lástima por sí mismo. Iba a los partidos y apoyaba a Aarón, celebrando cuando su hermano jugaba bien y ganaba trofeos y premios. Dushka y yo pensamos que era muy saludable que nuestros demás hijos tuvieran también su tiempo como centro de atención.

DISCAPACIDAD POR ASOCIACIÓN

Los trabajadores sociales, terapeutas y psicólogos al principio nos dijeron que los hermanos responden tanto en formas positivas

como negativas a un hermano discapacitado, con una enfermedad crónica o con necesidades especiales. Algunos se vuelven
sobreprotectores y los apoyan. Otros sienten ansiedad e incluso
preocupación de que en algún momento puedan llegar a contraer
la discapacidad o enfermedad. A medida que van creciendo, los
hermanos pueden experimentar estrés si les preocupa que más
adelante sean ellos los responsables del miembro de la familia que
está discapacitado.

Las guías para padres de niños discapacitados suelen decir que
los hermanos de cinco años o menos por lo general no entienden la naturaleza de las discapacidades del miembro de la familia
que las padece, pero están conscientes de que existe una diferencia y a menudo procuran ayudar al hermano. Los hermanos de
seis a doce años es más probable que entiendan las discapacidades, pero quizá les preocupe que sean contagiosas, se sientan
culpables por algún pensamiento negativo hacia el hermano discapacitado y tengan actitudes y sentimientos encontrados que
van del afecto excesivo al resentimiento.

Por lo general, los adolescentes son mejores para comprender
las complejidades de la situación de un hermano discapacitado.
También pueden hacer preguntas provocadoras e inquisitivas y
no es poco habitual que se sientan inseguros y avergonzados frente a sus amigos a causa del hermano con discapacidad. A menudo, los adolescentes, que tienen una tendencia a ser egocéntricos
y a pensar de manera independiente, pueden resentir cualquier
obligación hacia el hermano discapacitado. No obstante, los adolescentes se sienten muy conectados y son muy empáticos con los
hermanos discapacitados.

Por supuesto, éstos son lineamientos generales. Dushka y yo siempre aconsejamos a los padres que no den nada por sentado al esperar que los demás niños simplemente "lidien" con el hermano que tiene necesidades especiales. Los amigos y compañeros de escuela fácilmente pueden alterar las relaciones entre tus hijos al burlarse de ellos, evitarlos o hacerles *bullying* a causa del niño discapacitado de la familia.

De nuevo, la comunicación es vital. Cuanto más tiempo pases con tus hijos, escuchándolos y preguntándoles acerca de sus vidas y sentimientos, mejor equipado estarás para ayudarles a crear lazos de amor y de apoyo.

Antes de que Aarón y Michelle comenzaran sus años de escuela, vivían en una burbuja. A pesar de las evidentes discapacidades físicas de Nick y de los desafíos que implicaban, tenían una existencia más o menos normal. Dushka y yo hacíamos nuestro mejor esfuerzo por dar a nuestros hijos la atención y el amor que necesitaban. Nick también se merece crédito por esto porque por lo general no exigía ser el centro de atención y solía ser un hermano activo, encantador y amoroso. Como he mencionado antes, también tuvimos la bendición de tener una familia grande compuesta por tías, tíos y primos que proporcionaban un capullo de normalidad a través de su amor, apoyo y aceptación.

A medida que Aarón y Michelle fueron dejando el capullo familiar y comenzaron los años escolares, nos preocupaba que fueran vulnerables o estigmatizados por ser hermanos de Nick. Era pequeño, pero la sombra de Nick era considerable. Nick se convirtió en uno de los primeros estudiantes discapacitados en ser incluidos en el sistema escolar de Australia y su imagen apareció en los carteles de ese movimiento tan importante. La prensa lo buscaba y entrevistaba con frecuencia. Él lo manejaba muy bien, como te podrás imaginar.

Para cuando Aarón y Michelle entraron a la escuela, su telegénico hermano era una celebridad nacional en Australia. Tanto maestros como compañeros de escuela los veían como "el hermano de Nick" y la "hermana de Nick". Esto tuvo implicaciones positivas y negativas para ellos.

Los niños pueden ser intencionalmente crueles y claro que nos topamos con eso, pero con mayor frecuencia los comentarios hirientes se debían a que los niños estaban siendo niños. Ya era bastante malo que Nick tuviera que aguantar preguntas indiscretas sobre cómo le hacía para ir al baño o si tenía o no los órganos reproductivos esenciales. A su hermano y hermana a veces les pedían que respondieran esas preguntas sobre su hermano mayor.

Los niños que tienen hermanos con necesidades especiales con frecuencia están sometidos a burlas, *bullying* y aislamiento social. Esto es tan común que los psicólogos y sociólogos le han puesto un nombre: discapacidad por asociación.

Ha habido muchos estudios y reportes al respecto. Algunos de los típicos comentarios dirigidos a los hermanos son: "¿Tú también vas a terminar como tu hermano un día?" "¿Por qué tú no tienes lo que tiene tu hermano?" "¿No te da vergüenza tener un hermano así?" "¡Tu familia es rara!"

Por fortuna, por lo que sé, nuestros hijos experimentaron muy poco de eso. Otros padres me han dicho que a los hermanos de un hijo con discapacidad no los invitan a reuniones sociales o se dan cuenta de que sus amigos no quieren ir a su casa a causa del niño con necesidades especiales.

Una de las metas de la inclusión es reducir los estigmas y prejuicios al permitir que los niños conozcan a sus compañeros discapacitados como individuos. Creo que esto funcionó muy bien con nuestros hijos y estoy seguro de que, a partir de que Nick estuvo en la escuela, las actitudes generales hacia los discapacitados han mejorado drásticamente.

Sabía que Aarón y Michelle estaban orgullosos de Nick, pero lo que no les gustaba nada era que se refirieran a ellos como el hermano o la hermana de Nick, lo cual es comprensible. Lo que no supe hasta hace muy poco es que Michelle tuvo un periodo en el que tenía miedo de que la excluyeran a causa de Nick. Esto fue cuando estaba entrando en esos años socialmente tumultuosos de la pubertad.

En esa época, Michelle temía que las demás niñas le hicieran burla o pensaran que era rara porque tenía un hermano sin brazos ni piernas. También le preocupaba que los chicos no quisieran salir con ella a causa de Nick. Los trabajadores sociales dijeron que esto es algo muy común en los hermanos a esa edad. La mayoría de los jóvenes que están en la pubertad padecen inseguridades y una necesidad inmensa de encajar y ser aceptados. Tal vez Michelle tenía sus miedos, pero se guardó sus preocupaciones respecto a ser la hermana de Nick. No recuerdo ningún exabrupto ni problema grave sobre esto. Era una niña muy popular con muchos amigos, tanto hombres como mujeres.

Unos años después, en una entrevista, fue muy abierta sobre el impacto positivo que tuvo Nick en su vida. "Ser su hermana me hizo darme cuenta de que los niños que tienen una discapacidad no son distintos de los demás. Yo ni siquiera veo su discapacidad. Simplemente voy directo a su alma y a su corazón. Ahí es donde encuentro amor y alegría y, sobre todo, a un ser humano."

LA VENTAJA PARA LOS HERMANOS

Aunque existen algunos problemas comunes al crecer con un hermano con necesidades especiales, también existen beneficios. La documentación sobre el tema por lo general menciona que los hermanos tienen beneficios potenciales como una visión más madura que los niños de su edad, más empatía y mayor disposición a ayudar a los menos afortunados, más fortaleza para lidiar con los problemas y mayor habilidad para resolver problemas, mejores herramientas para el trabajo en equipo y un corazón más abierto hacia quienes tienen discapacidades, enfermedades crónicas y necesidades especiales.

Debo decir que tanto Aarón como Michelle han experimentado la mayoría de esos beneficios al crecer con Nick. Quienes hemos vivido con él en las buenas y en las malas nos hemos visto afectados de muchas maneras positivas.

Entre los sociólogos que estudian el impacto que tiene un niño discapacitado en sus hermanos existe un debate sobre la carrera que eligen. Por mucho tiempo, he escuchado que dicen que un porcentaje más alto de normal de personas con hermanos discapacitados optan por carreras en salud, educación especial y trabajo social. Hace poco leí que eso ha sido cuestionado pero nuestra familia es un ejemplo.

Michelle se graduó como enfermera y, después de trabajar como enfermera de sala de emergencias por tres años, participó en diversas misiones para dar atención médica a personas sin recursos. Una de sus experiencias más notables fue a los veintitrés años, cuando se ofreció como voluntaria para pasar tres meses como enfermera a bordo del barco hospital privado más grande del mundo, el *Africa Mercy*, anclado en las costas del país africano de Togo.

Tienes que estar comprometido para ofrecerte como voluntario para trabajar en el hospital *Mercy* porque te piden que pagues tu propio cuarto durante la estancia. Michelle vendió su coche y usó sus ahorros para pagar su estancia porque anhelaba participar en un trabajo que hiciera una diferencia en el mundo de las personas necesitadas.

La carrera de Dushka como enfermera y partera sin lugar a dudas tuvo influencia en la búsqueda de Michelle de un título en enfermería. Nuestra hija tiene una naturaleza generosa y a veces da demasiado, así que me dio gusto cuando se concedió una pausa para hacer estudios en producción musical, que es su otra pasión, la cual comparte con Nick.

Ahora que nuestros tres hijos son adultos, creo que es posible afirmar que nuestros esfuerzos por criarlos con igualdad y asegurarnos de que se sintieran amados y apoyados fueron exitosos. No hay ningún resentimiento de parte de Aarón y Michelle hacia su hermano por la atención recibida. Lo sé porque en 2015 tanto Michelle como Aarón se mudaron a California para trabajar con su hermano y apoyarlo en su organización sin fines de lucro Life Without Limbs y en su negocio Attitude Is Altitude. Una de nuestras mayores recompensas en la vida es tener juntos a nuestros hijos, viéndolos hablar y reír, celebrar los éxitos de cada uno y apoyarse entre sí como adultos.

∽◡◠∽

Ideas para llevar

- Los hermanos de tu hijo pueden ser sus mejores amigos y aliados o rivales resentidos por tu afecto y atención, así que es muy importante aprovechar cada oportunidad desde que son pequeños para darles la mayor cantidad de amor y tiempo posible de modo que no se sientan desplazados.

- Los hermanos pueden sentir resentimiento si al hijo discapacitado no lo disciplinan, si no le asignan tareas o si lo dejan fuera de otras responsabilidades que los hermanos deben cumplir. Así que, siempre que sea posible, es mejor que el niño discapacitado no reciba ningún tratamiento especial.

- Es importante educar a tus demás hijos sobre las causas, naturaleza e impacto de las discapacidades de su hermano. Necesitan comprender a cabalidad que no corren ningún riesgo de "contagiarse" de la discapacidad y que el hijo discapacitado quizá no sea capaz de hacer todo lo que ellos pueden hacer pero necesita y desea su amor y su apoyo.

- Los hermanos adolescentes tienen sentimientos encontrados y complejos con relación a un hermano discapacitado durante los años en que ser aceptados y encajar socialmente se vuelve importante. Sé consciente de ello y haz tu mejor esfuerzo por ayudar a mantener fuertes los lazos familiares.

- Intenta no cargar a los hermanos con responsabilidades hacia el niño discapacitado. Representa demasiada presión para ellos y puede generar resentimiento.

- Habla con los hermanos sobre lo que pueden aprender de tener a un hermano o hermana con necesidades especiales y sobre lo que pueden decirles a sus amigos al respecto.

7. LA INCLUSIÓN DE NICK
EN EL SISTEMA ESCOLAR
Lucha por la educación de tu hijo

*C*uando por primera vez intentamos inscribir a Nick en una escuela privada, seguramente no vimos un letrero en la oficina del director:

Sin brazos.

Sin piernas.

Sin admisión.

¡Y era una escuela privada cristiana!

Ya habíamos experimentado comportamiento de discriminación e incluso de rechazo a nuestro hijo cuando nos recomendaron acudir a Yooralla, una escuela especial para discapacitados. Sin embargo, estábamos decididos a que Nick fuera aceptado en una escuela para niños sin discapacidad y logramos que lo aceptaran en el Jardín de Niños Albanvale. La meta de preescolar era prepararlo para entrar a la primaria, cuando saldría del capullo protector de nuestra familia.

Sin duda alguna había un riesgo en esto y pronto descubrimos que había individuos e instituciones que no le abrían los brazos a nuestro hijo discapacitado. Los demás niños del Jardín de Niños por lo general no tenían ningún problema con Nick porque no se habían formado prejuicios contra los discapacitados. Por desgracia, algunas madres no eran de mente tan abierta. Dushka trató de convencerlas de que tener a Nick en el grupo no haría que se les cayeran los brazos ni las piernas a los demás niños.

La experiencia de preescolar de Nick fue buena. Era un programa de medio día y la maestra era muy tolerante y servicial. Sin embargo, las cosas cambiaron drásticamente cuando llegó el momento de inscribir a Nick en la primaria. La mayoría de los padres simplemente van a la escuela pública o privada que queda más cerca de su casa e inscriben a sus hijos sin que les hagan ningún cuestionamiento. Cada vez que queríamos inscribir a Nick nos golpeábamos contra una pared en cuanto mencionábamos que tenía una discapacidad física.

Como somos cristianos y estamos muy enfocados en la comunidad de la iglesia, nuestra primera inclinación fue inscribir a Nick en una escuela cristiana privada. Nos pareció que tendría una atención más personal en una escuela cristiana. La mayoría eran más caras que las escuelas públicas, pero, gracias a las tías y tíos de Nick, tuvimos los fondos para pagar la colegiatura y demás gastos. Crearon un fondo de educación para Nick poco después de nacer.

Cometimos el error de pensar que las escuelas cristianas privadas serían más tolerantes y receptivas. Después de todo, Dushka y yo siempre habíamos sido cristianos. No obstante, en cuanto explicamos a la administración que Nick no era el típico estudiante, se negaron a admitirlo. Las discapacidades de Nick eran una gran preocupación para los directivos, profesores, estudiantes y padres que conocimos. Lo veían como una carga no deseada que consumiría sus limitados recursos. Algunas de las objeciones que encontramos fueron las siguientes:

- No tenemos salones accesibles para silla de ruedas.
- No tenemos los fondos para los asistentes de profesor que se requerirían.
- ¿Cómo va a escribir? ¿Dibujar? ¿Cortar con tijeras?
- ¿Qué hay de la higiene personal?
- No tenemos baños accesibles para silla de ruedas ni nadie que pueda ayudarlo a usarlos.
- ¿Cómo va a comer en la cafetería?
- ¿Cómo vamos a garantizar su seguridad en el patio de recreo?
- Tememos que haga sentir incómodos a los demás niños.

Probablemente estuvo mejor. Nick estaba creciendo en una familia cristiana y la mayoría de nuestros amigos también eran cristianos, así que ponerlo en una escuela cristiana tal vez habría limitado su rango de experiencia y sus contactos sociales. No queríamos por ningún motivo que creciera aislado del resto del mundo.

Inclusión escolar

La recomendación general que nos dieron las autoridades de la escuela cristiana fue que Nick asistiera a una escuela pública especial para niños discapacitados. En el pasado, el gobierno había apoyado la existencia de ambientes educativos especiales para proporcionar educación y al mismo tiempo atender las necesidades únicas de esos niños. Esas escuelas recibían financiamiento especial del gobierno para educar a niños con necesidades especiales. Todas eran accesibles para sillas de ruedas y discapacitados. Los maestros estaban capacitados especialmente para atender a niños con necesidades especiales. Para ellos era fácil sugerir esta opción, pero no podíamos aceptarla.

No queríamos que Nick fuera a una escuela estrictamente para discapacitados. En papel tenía sentido. En la realidad, simplemente no nos funcionaba. Sentíamos que ese entorno a la larga no sería para el bien de Nick. Después de visitar la escuela Yooralla para discapacitados, decidimos que no queríamos que Nick asistiera a una escuela de ese tipo debido a la segregación que representaría. Desde una etapa temprana, Nick nos había enseñado que sus discapacidades no lo definían. Se negaba a aceptar los límites en la vida y no queríamos mermar su espíritu independiente y positivo. Tarde o temprano, Nick tendría que vivir y trabajar entre la población en general. Nuestra idea era que, cuanto más aprendiera a lidiar con el mundo real, mejor. Los niños son mucho más adaptables que los adultos. Pensamos que Nick encontraría una forma de encajar.

Como Nick ya había experimentado algo de rechazo, nos dimos cuenta de que en la escuela pública tendría que lidiar con prejuicios, burlas y *bullying*. Por supuesto, eso nos preocupaba, pero todos los niños lidian con esas cosas hasta cierto punto. En algún momento, tienes que dejar que se alejen del nido y descubran cómo existir en el mundo.

Sabíamos que teníamos que ser fuertes. Los padres no pueden proteger a sus hijos de todos los dolores posibles, por mucho que quieran. Trabajadores sociales y maestros bien intencionados nos dijeron que Nick encajaría mejor en una escuela diseñada para niños con necesidades especiales. Decidimos rechazar ese consejo y seguir nuestros instintos... y procurarle a Nick una vida normal. Quería ser aceptado como un niño común y corriente.

A lo largo de los años, consultamos a diversos expertos y escuchamos su consejo, pero Nick es tan único que con frecuencia las reglas y enfoques estándar no aplicaban. No hay dos niños iguales. Médicos, trabajadores sociales y psicólogos tienden a colocarles etiquetas y luego aplicar tratamientos conforme a éstas. No tomaban en cuenta la determinación de Nick ni su habilidad para superar las expectativas de los demás. Queríamos darle la oportunidad de tener éxito en la inclusión a una escuela normal, así que buscamos una escuela pública adecuada cerca de nuestra casa.

PADRES ACTIVISTAS

Después de décadas de segregar a estudiantes con necesidades especiales, Australia apenas estaba comenzando a abrir las escuelas comunes y corrientes a los discapacitados. Las escuelas públicas debían aceptarlos, pero muchas aún no estaban equipadas con rampas, baños para discapacitados y demás características necesarias. Dushka y yo nos volvimos activistas a favor de Nick, solicitando al Departamento de Educación que proporcionara los fondos necesarios para asistentes de profesor y que permitiera que hubiera voluntarios en los salones donde hubiera niños con necesidades especiales.

A través de los esfuerzos de muchas personas, las puertas de las escuelas públicas se abrieron. Nick se convirtió en miembro del primer grupo de estudiantes con necesidades especiales que asistía a una escuela pública normal en nuestro distrito. El siguiente reto era encontrar una escuela que lo pudiera acoger.

Fuimos a ver varias escuelas primarias, pero, de nuevo, descubrimos que sus directivos y su personal no eran alentadores. A pesar del movimiento de inclusión nacional, decían que no tenían la infraestructura para tener un estudiante en silla de ruedas y sin extremidades.

Al final, un familiar nos recomendó una primaria recién construida en un nuevo desarrollo residencial al norte de Melbourne. La escuela era Keilor Downs y la habían construido para hacer frente a la inclusión de discapacitados y niños con necesidades especiales. Los salones estaban en un solo nivel y tenían rampas para sillas de ruedas, pasillos amplios y baños accesibles.

Fue un descubrimiento emocionante para nosotros en varios frentes. La escuela era la primera que habíamos encontrado que resultaba tan adecuada para Nick y su silla de ruedas y el vecindario donde estaba la escuela tenía muchas casas nuevas que estaban en nuestro rango de precio. La casa donde vivímos en esa época era una casa vieja que no era adecuada para la silla de ruedas de Nick porque las escaleras y pasillos eran muy estrechos.

El equipo de Nick

El momento en que sucedió todo fue óptimo porque el entorno educativo estaba cambiando. Ese año escolar, el sistema escolar del estado de Victoria permitió que treinta y cinco niños discapacitados entraran a grupos normales en mil escuelas. Nick fue parte de esa primera ola, que requería muchos ajustes por parte de las autoridades, profesores y demás padres de familia.

Nos entrevistamos con el director de Keilor Downs, quien expresó su apoyo y su disposición de aceptar a Nick como estudiante. Comentó que se necesitaría un poco de preparación antes de hacerlo realidad. Tenía que capacitar a sus profesores para que pudieran adaptar sus métodos y materiales. También tendrían que trabajar con los demás estudiantes y sus padres para garantizar que Nick fuera bienvenido y aceptado.

En el entorno más abierto que existe hoy en día, es difícil creer que algunos padres expresaran preocupaciones de que Nick fuera una distracción o de que requiriera tanta atención extra que pudiera quitarles demasiado tiempo a los profesores dedicados a sus hijos. No obstante, hubo quienes dieron esos argumentos. Por fortuna, eran una minoría.

También estaba la burocracia gubernamental y las consideraciones financieras inevitables que había que enfrentar. Los departamentos de educación local y estatal tenían que proporcionar un financiamiento adecuado para que hubiera un asistente de profesor que ayudara a Nick, así como una banca especial con espacio suficiente para su silla de ruedas. El departamento de educación realizó una evaluación de Nick y de sus necesidades, que incluían la evaluación de un médico con el fin de determinar su capacidad de funcionar en el salón de clases junto a otros estudiantes. La escuela formó una especie de comité "Equipo de Nick" para allanarle el camino. Estaba conformado por el director, los profesores de Nick, el ayudante de profesor, Dushka, un médico y un representante del departamento de educación.

En ese entonces estuvimos muy agradecidos y aún lo estamos con el director de Keilor Downs y su disposición a asumir el reto. Era bautista, por cierto. No sé si ser cristiano influyó en su decisión. Me inclino a pensar que simplemente tenía buen corazón. Quizá las dos cosas. Fuera cual fuera su motivación, agradecemos a Dios por este hombre y su decisión porque, aunque había obstáculos por superar, nuestro hijo logró tener éxito en su inclusión a la escuela normal.

Dushka desempeñó un papel muy importante como abogada principal de Nick en los primeros años de escuela. Para manejar esas tareas, se cambió a un turno de medio tiempo como enfermera. Esto redujo nuestros ingresos, pero sentimos que era preferible que tuviera un papel activo en la educación de Nick. Mi padre también fue de gran ayuda, pues recogía a Nick en casa y lo llevaba a la escuela y luego lo iba a recoger cuando necesitábamos su ayuda. Mi madre también hizo su parte, pues cuidaba a los niños cuando Dushka y yo estábamos trabajando.

Un momento adecuado

Como dije antes, los avances tecnológicos han desempeñado un papel tan grande en la vida de Nick que a veces me he preguntado si Dios tiene una oficina en Silicon Valley. Esto fue especialmente cierto en su escuela. La llegada de las computadoras de escritorio al salón de clases fue un gran beneficio. Nick no podía sostener un libro, pero podía leer de la pantalla de una computadora y podía escribir en el teclado y manipular el ratón o un *joystick* con su pie izquierdo.

Trabajamos con sus maestros para ayudar a Nick de otras formas en el salón de clases. Dushka y yo usábamos Aquaplast, un material moldeable de plástico que se suele usar en los hospitales para entablillar, para hacer un estuche para sus lápices y plumas que encajara en su pie izquierdo. Podía usarlo para escribir y dibujar con más facilidad.

Construí un escritorio para almacenar sus materiales para escribir de una forma que le daba un fácil acceso a Nick. Le resultaba muy pesado escribir durante periodos largos, así que sus maestros tomaban notas por él en clase. Sin embargo, era capaz de usar su pie para hacer muchas tareas. Improvisamos una forma de usar tijeras. Podía insertar papeles y presionar con el otro lado de la tijera para hacer un corte.

Sabíamos que integrar a Nick al salón de clases tendría sus dificultades, pero las recompensas valieron la pena. Incluso las actividades más simples en el aula ponían a prueba la ingenuidad y paciencia de un estudiante sin extremidades. No obstante, con la ayuda y comprensión de los que lo rodeaban, Nick logró perseverar.

Nuestro hijo en un póster

Desde el primer año, mantuvimos a Nick en una escuela normal. No fue exactamente una situación imposible porque siempre estuvimos ahí para apoyarlo, pero sin duda alguna Nick tuvo que luchar muchas veces. El miedo al rechazo por parte de sus compañeros y la ocasional impaciencia de los maestros pudo haber ocasionado un daño irreparable a nuestro hijo, a pesar de que los éxitos y logros de Nick en la escuela nos sorprendían no sólo a Dushka y a mí sino al director, maestros, trabajadores sociales y demás miembros de la familia. Incuso los padres de otros estudiantes, quienes temíamos que verían a Nick como una distracción nada bienvenida e incluso intimidante, llegaron a aceptar y celebrar a nuestro hijo.

Repito, el crédito es de Nick. No se escondía en un rincón de la cafetería. Se acercaba a otros niños. Hablaba en clase. Hacía bromas, a menudo a expensas suyas. Interactuaba con todos los que lo rodeaban. Las mismas cualidades carismáticas que un día lo llevarían a convertirse en uno de los conferencistas más populares del mundo estaban emergiendo, aunque en esa época no estábamos conscientes de ello.

En los años posteriores a que Nick entró a la población escolar, muchos padres de niños discapacitados nos dijeron que nuestro hijo servía como modelo para sus hijos. Como Nick superó las dudas y se ganó el afecto de compañeros de escuela y maestros, se volvió más fácil y más aceptable que otros niños discapacitados siguieran sus pasos. Sus padres veían que Nick era aceptado y que estaba integrado, así que estuvieron más abiertos a permitir que sus hijos con necesidades especiales entraran a escuelas que no eran para discapacitados.

No exagero si digo que Nick se convirtió en un símbolo de la integración de los niños con discapacidades al sistema educativo en Australia. Los funcionarios del Departamento de Educación y los políticos estatales visitaban la escuela de Nick para hablar con él y con sus maestros y para observarlo interactuar con sus compañeros. Reporteros de televisión y periódicos y fotógrafos lo entrevistaban.

Ésa fue su primera exposición a los reflectores de los medios y, como te puedes imaginar, Nick le dio la bienvenida igual que una flor recibe la luz del sol. Su actitud positiva e inspiradora floreció. Dushka y yo estábamos encantados de que el resto del mundo tuviera la oportunidad de conocer al Nick real. También era muy revelador que, cuando Nick hablaba con los medios, de manera natural asumía el papel de un vocero y ejemplo a seguir para los niños discapacitados y con necesidades especiales.

El gobierno estaba invirtiendo dinero a la campaña en favor de la inclusión de los estudiantes con necesidades especiales. Los funcionarios buscaban niños que sirvieran como ejemplo y hablaran sobre integración. La pasión de Nick y sus mensajes positivos en los medios atrajeron la atención de Departamento de Educación de Australia. La ministro de educación, Joan Kirner, se volvió una fan de Nick, lo cual resultó muy útil. Visitó su escuela en 1988 y la fotografía que le tomaron con Nick para el artículo del periódico decía: "Nicholas, el pionero". Poco tiempo después, el financiamiento para ayudar a las escuelas victorianas a incluir a Nick y a otros estudiantes con necesidades especiales se incrementó a 3.7 millones de dólares. Parte del financiamiento fue para integrar a dos estudiantes más con discapacidades al año siguiente para seguir los pasos de Nick. Luego Joan Kirner se convirtió en la primera mujer en desempeñar el cargo de primera ministra.

En 1991, Nick fue nombrado "Ciudadano Joven del Año de Keilor" por el "valor más allá de su edad" y en 2001 también fue nominado para Joven Australiano del Año. Hubo otros premios y reconocimientos a lo largo de sus años de estudiante.

Estábamos agradecidos de que Nick fuera considerado un buen ejemplo para el programa de integración en las escuelas de Australia. Manejaba bien la atención. Sin embargo, teníamos que ser cuidadosos y garantizar que no se le fuera a subir el ego y fuera a volverse arrogante. Nos volvimos más protectores de nuestra privacidad y fijamos límites al tiempo que Nick tenía bajo los reflectores. También nos preocupaba que nuestros otros dos hijos quedaran a su sombra. Era un problema único —tener un hijo discapacitado que se estaba convirtiendo en una sensación de los medios— así que tuvimos que ser creativos con respecto a cómo manejarlo.

Semillas plantadas

Ninguno de nosotros tenía idea en esa época, pero esas experiencias plantaron semillas para la carrera de Nick como conferencista. Se sentía muy cómodo hablando con los medios y frente a grupos grandes para darles su visión sobre el valor de la inclusión de niños discapacitados en la educación. Más adelante, a comienzos de su carrera como conferencista, el director de la Escuela Estatal MacGregor se volvió un gran apoyo. Predijo que nuestro hijo lograría grandes cosas y que algún día le pagarían más de mil dólares por hablar en público. Por supuesto, lo tomamos como un cumplido, pero en aquella época nos parecía difícil de creer. Hoy en día, los honorarios de Nick por charlas corporativas rebasan esa cantidad, así que el director merece el crédito por su buena predicción.

Nuestra decisión de socializar activamente a nuestro hijo al lograr su inclusión en escuelas que no eran para discapacitados y al animarlo a abrirse y hablar ya estaba teniendo un impacto muy positivo, no sólo en su vida sino también en las de otros niños discapacitados. Nick asistió a Keilor Downs hasta la primera parte de cuarto año y luego nos mudamos de Melbourne a Brisbane, Queensland.

EL NIÑO NUEVO DEL SALÓN

Cuando dejamos la vida cómoda que habíamos creado en Melbourne, a Dushka y a mí nos preocupaba que fuera difícil para Nick dejar a tantos amigos y miembros de la familia. Uno de sus maestros advirtió que su nueva escuela tal vez no sería tan abierta para darle la bienvenida a Nick: "No saben la suerte que han tenido aquí."

Al principio, nos preocupaba que eso pudiera ser cierto cuando estábamos luchando para que a Nick lo aceptaran en otra escuela. Después de varios intentos fallidos, tuvimos éxito en la Escuela Primaria Gold Coast Robina. Nick se sentía como en casa porque su maestra tenía una discapacidad que hacía que también tuviera que estar en una silla de ruedas. Sin embargo, sólo estuvo ahí un semestre. Luego fue transferido a la Escuela Estatal MacGregor, en Brisbane, la cual era mucho más grande que la Robina o la Keilor Downs. El distrito escolar lo movió porque quería que hubiera estudiantes discapacitados en las escuelas más modernas diseñadas para albergarlos y tomar en cuenta sus necesidades.

En un inicio tuvimos miedo, pero MacGregor resultó ser un lugar aún mejor para nuestro hijo. Esta escuela tenía un programa de inclusión bien establecido y había otros niños en sillas de ruedas, así que Dushka y yo no tuvimos que involucrarnos tanto en crear un buen entorno para Nick. Los maestros tenían más experiencia en ajustar sus planes de trabajo para niños discapacitados y con necesidades especiales. Ayudó que Nick ya no era el único estudiante en sillas de ruedas, lo que hacía que las cosas fueran mucho más fáciles para él y para nosotros.

Nick siempre ha sido bueno para superar su soledad y sus inseguridades volviéndose parte de una causa más importante que él mismo. De alguna manera, instintivamente entendió que ayudar a los demás era la mejor estrategia para ayudarse. En MacGregor, se unió a iniciativas para recaudación de fondos y proyectos de caridad. Para una de las personas dedicadas a recaudar dinero, Nick y sus compañeros de escuela compitieron en vender cosas de puerta en puerta y él se volvió el vendedor estrella de la escuela.

Participar en proyectos escolares le permitió conocer a los demás estudiantes y maestros. Ellos se dieron cuenta muy rápido de que, aunque Nick no tenía brazos ni piernas, contaba con una mente aguda, un excelente sentido del humor y una sonrisa que atraía a la gente. Logró ganarse a tantos de sus compañeros que Nick fue electo capitán de la escuela MacGregor en 1995, que equivale a ser nombrado presidente del cuerpo completo de estudiantes.

En ese papel, Nick dirigió el consejo de estudiantes en su esfuerzo por recaudar cinco mil dólares para crear un gimnasio en MacGregor, donde su nombre aún se encuentra en una placa para conmemorar a todos los que han fungido como capitanes de la escuela. Nos parece muy gracioso que una de las plataformas de campaña de Nick era llevar a cabo carreras de sillas de ruedas como una actividad habitual de la escuela. No creo que haya cumplido esa promesa, por cierto.

En MacGregor, Nick fue el primer estudiante discapacitado en ser líder de sus compañeros de escuela. Luego adquirió un honor similar en secundaria. Eso era particularmente impresionante porque esa escuela, la Secundaria Runcorn, estaba en un distrito diferente al de su escuela primaria. Tuvimos que enviarlo a Runcorn porque la secundaria de MacGregor no era accesible para sillas de ruedas. Como resultado, Nick tuvo que empezar de nuevo, probarse a sí mismo y hacer nuevos amigos.

EMPEZAR OTRA VEZ

Cuando Nick entró a Runcorn, de nuevo lo pusieron en el lugar del chico nuevo. Todos sus amigos de la primaria se fueron a otra secundaria. Nick tenía tres cosas en contra en su nuevo entorno: era el niño desconocido, tenía un cuerpo poco común y estaba en silla de ruedas.

La aceptación pública de estudiantes discapacitados ha avanzado mucho desde que Nick estaba en secundaria. Él ha desempeñado un papel importante en cambiar esas percepciones al hablar en escuelas de todo el mundo y postear videos inspiradores populares con la gente joven. Por desgracia, en sus días de secundaria, no era considerado muy *cool* andar con "el chico de la silla de ruedas". Sus nuevos compañeros veían el cuerpo sin extremidades de Nick y la aparatosa silla de ruedas y hacían todo tipo de suposiciones negativas sobre él. El pobre de Nick ya había pasado por el proceso de probarse a sí mismo y hacer amigos en varias ocasiones. No podíamos culparlo por sentirse desanimado al principio.

Nick ha escrito y hablado sobre sus dificultades para encajar en sus primeros años de escuela. Hasta hace poco, Dushka y yo no sabíamos que había llegado tan lejos como por ejemplo a decir groserías porque pensaba que le ayudaría a ganarse la aceptación del grupo de "chicos *cool*". Nick no está orgulloso de esa decisión y me alegra escuchar que era malo para decir groserías y que dejó de hacerlo porque le daba vergüenza.

Capitán valiente

Nick admite que se desvió de su educación cristiana durante un breve periodo. Declinó invitaciones de unirse a sesiones de oración y pasar tiempo con los niños cristianos porque no quería que otros compañeros de la escuela lo etiquetaran. No es raro que los adolescentes cuestionen la fe de su familia. Eso lo entendíamos, aunque no nos gustaba. Nick aún no había hecho las paces con la idea de por qué Dios le había negado tener brazos y piernas.

Luchó y, aunque era difícil ser testigos de ello, reveló gran parte de la fuerza de carácter de nuestro hijo. Ni siquiera estábamos conscientes de que decía groserías y había rechazado a sus compañeros cristianos, así que no lo regañamos por esas malas decisiones. Lo impresionante es que Nick al final se dio cuenta de que había cometido esos errores y los corrigió él solo. La habilidad de hacer eso es crítica para tener éxito en la vida. Una vez que nos convertimos en adultos, la calidad de nuestras decisiones tiene un gran impacto en nuestra calidad de vida. Nuestros padres no están ahí para sacudirnos y mostrarnos el camino. Tenemos que descubrir las cosas nosotros solos. Todos cometemos errores, así que es fundamental que también seamos capaces de admitirlos y cambiar nuestro comportamiento para obtener mejores resultados.

Nick cotejó sus acciones con los valores de fondo con los que había crecido y se volvió a poner en sintonía con esos valores. Éste fue un paso importante hacia crear las alas necesarias para volar por sí mismo. En cuanto Nick dejó de tratar de ser lo que los demás querían que fuera, sus compañeros se sintieron atraídos hacia él. Hizo amigos y se convirtió en el líder de la escuela.

Como dije antes, su éxito en el proceso de inclusión en el sistema educativo a lo largo de sus años de escuela le dieron a Nick mucha atención de los medios. Uno de sus titulares preferidos de sus días de escuela lo llamaba "Capitán valiente". Eso nos gustaba. Dushka y yo siempre estuvimos impresionados de que Nick lo hiciera tan bien en las entrevistas con los medios. No se centraba en sus propios logros, sino que humildemente animaba a otros niños con necesidades especiales a ser fuertes y compartir sus dones y talentos. Quizá mi cita favorita de un periódico durante los años de escuela de Nick fue la respuesta sencilla y motivadora que le dio a un reportero que le preguntó qué significaba para otros niños con discapacidades su elección como capitán de la escuela. "¡Todos los niños en silla de ruedas deberían intentarlo todo!", dijo.

Su mensaje era: "Tenemos un valor. Somos como todos los demás. No nos segreguen. No nos etiqueten. No nos fijen límites. Permítannos mostrarles lo que podemos hacer a pesar de nuestras discapacidades." A través de este ejemplo, Nick nos enseñó mucho sobre el poder de quitar las etiquetas y los límites de los discapacitados y darles la oportunidad de florecer.

EL BLANCO DEL *BULLYING*

Por supuesto, con la libertad de la inclusión viene el estar expuesto tanto a lo bueno como a lo malo. Como se cambió de escuela varias veces cuando nos mudamos, pasó más tiempo que muchos siendo "el niño nuevo". Ese papel nunca es fácil y te puedes imaginar lo difícil que es ser el niño nuevo que no tiene brazos ni piernas.

Cuando nos mudamos de Melbourne a Brisbane y luego a Estados Unidos y de regreso a Brisbane, nuestra intención era que Nick tuviera una vida mejor. Por desgracia, no siempre fue así. En Brisbane, pasó por un periodo de aislamiento. Dudaba si hablar o acercarse a los demás y hacer amigos. Se relegó y al principio solía mantenerse reservado. A menudo habla sobre cómo en esa época se escondía detrás de los arbustos del patio de la escuela o en un rincón del salón.

Nick había sido un alumno estrella en Keilor Downs; para él era difícil ser ignorado o anónimo. Dudaba si hablar o abrirse a los demás y hacer amigos. Fue un periodo en el que Nick comenzó a obsesionarse sobre su futuro y su misión en la vida. Pasó por un periodo de desesperación. Tenía miedo de ser siempre una carga para nosotros. Esos pensamientos oscuros lo llevaron a intentar suicidarse.

En sus libros ha escrito que un factor que contribuyó a sus pensamientos suicidas fue el *bullying* de parte de sus compañeros de la escuela. Su encuentro de *bullying* más famoso sucedió en primer año en Keilor Downs y culminó en una terrible pelea en el patio de recreo. Ni Dushka ni yo estuvimos presentes así que tuvimos que creerle a Nick, pero él afirma haber vencido a su oponente, quien era mucho más grande que él, golpeándolo en la nariz con un cabezazo.

Esta pelea, que me hizo ser uno de los mayores fans de mi hijo, llevó a la creación de uno de los eslóganes favoritos de Nick: "No tiene brazos, pero no es inofensivo." Aunque es un gran defensor de la no violencia, Nick afirma que el bravucón que lo molestó en primer año no le dejó otro remedio que defenderse. No dejaba de provocar a Nick ni de amenazarlo con que lo iba a golpear. Fue la primera y última pelea de Nick. Estamos muy agradecidos de que se retiró del ring invicto.

Resulta muy divertido leer o escuchar la narración de Nick de esa pelea, pero no quiero hacer que parezca superficial el impacto que el *bullying* tuvo en Nick o en otras víctimas. Hubo veces en la primaria y la secundaria en las que Nick se sentía tan intimidado que no quería salir de la casa.

Los bravucones con frecuencia también son víctimas del *bullying*. Causan sufrimiento a los demás porque hermanos mayores, otros niños o padres crueles los han atormentado. No obstante, algunos, simplemente son malas personas. También es cierto que algunos tienen una opinión equivocada. Creen que sus bravuconerías son sólo bromas.

Así como hay distintos tipos de bravucones, hay varias formas de lidiar con ellos. Nunca le aconsejamos a Nick que tratara de luchar contra los bravucones que querían lastimarlo físicamente. En cambio, le dijimos que los reportara con sus maestros y con las autoridades de la escuela al tiempo que se mantenía lejos de ellos.

Mantenerse fuerte

Nick enfrentó bravucones que lo intimidaron por largos periodos, pero, en la mayoría de los casos, se defendió de alguna manera. No recomendaría a los padres que aconsejen a sus hijos luchar ni confrontar a los bravucones. Más bien, creo que la mejor táctica es buscar apoyo de las autoridades de la escuela, así como la protección de maestros y amigos.

Sin embargo, Nick se las arregló para deshacerse del bravucón que le hacía la vida imposible en secundaria. Se sentía mortificado cuando este compañero comenzaba a gritar la misma frase desagradable cada vez que veía a nuestro hijo en los pasillos o en las instalaciones de la escuela. Nick intentaba evitar a su verdugo lo más posible, lo cual era prudente. Cuando el acoso continuó durante varias semanas, Nick al final confrontó a su agresor. Le dijo que sus palabras eran hirientes y le pidió que dejara de molestarlo. Creo que Nick se sorprendió cuando el agresor pareció arrepentido y dijo que en realidad no pretendía hacerle daño. El otro chico afirmó que sólo estaba bromeando y de inmediato se detuvo cuando Nick le pidió que dejara de molestarlo.

Aunque ese episodio de *bullying* terminó, a Nick le molestaba que ningún otro estudiante lo hubiera defendido. Pocos niños escapan del *bullying*. Algunos estudios han descubierto que los niños con discapacidades y necesidades especiales son un blanco más frecuente que los demás niños. Los agresores suelen enfocarse en una debilidad individual o en cualquier cosa que haga al otro diferente o especialmente vulnerable.

Dushka y yo intentamos apoyar a Nick y ponerle las cosas en perspectiva. Lo animamos a ignorar los comentarios crueles, ya fueran intencionales o no. Le dijimos que no se tomara a pecho las bromas. La mejor revancha en esos casos, dijimos, era divertirse con la gente que disfrutaba de su compañía.

El hecho es que los padres no pueden hacer mucho por proteger y aislar a los niños del *bullying* y la crueldad en sus años de escuela. También sentíamos que, hasta cierto punto, era bueno para Nick entender que, en el mundo real, no todo el mundo lo iba a querer y a aceptar. Tener corazón de piedra no es bueno, pero no dejarse abatir puede ser realmente importante. Nunca le permitimos a Nick esconderse de los bravucones ni faltar a la escuela. Como resultado, desarrolló un espíritu invencible.

Gracias a los esfuerzos de campañas contra el *bullying* y a defensores como Nick, en años recientes se ha generado más conciencia. Las autoridades escolares, padres de familia y estudiantes se dan cuenta de que el *bullying* es un asunto serio. Este movimiento por detener el *bullying* fue inspirado por la creciente

preocupación de que niños de todo el mundo estaban siendo ate-
rrorizados e incluso empujados al suicidio a causa del *bullying*
verbal, físico y cibernético.

UNA CAMPAÑA EN CONTRA DE LA CRUELDAD

El *bullying* afecta casi a cada familia hasta cierto punto, pero es
particularmente descorazonador para los niños con discapacidades o necesidades especiales porque nuestros hijos ya de por sí
tienen cargas sustanciales. La crueldad de sus compañeros puede
amenazar o destruir todos los esfuerzos que invierten los padres
en generar autoestima y un carácter fuerte en sus hijos.

Es esperanzador ver que cada vez más escuelas atienden este
problema con programas activos contra el *bullying*. Nuestros corazones saltan de alegría cuando vemos que otros estudiantes se
acercan a sus compañeros discapacitados, los protegen y los hacen
sentir bienvenidos y valorados. Una de las cosas estupendas de la
inclusión de nuestro hijo es que otros estudiantes aprenden que
los niños con necesidades especiales también son individuos. Tienen la oportunidad de conocer personas únicas que son más que
sus discapacidades y problemas. Ven que tienen personalidades
fuertes y también talentos y dones para ofrecer al mundo.

Nick y otros activistas en contra del *bullying* animan a los jóvenes a aceptar a sus compañeros discapacitados y a no aislar-
los. Sin duda alguna, todos podemos aprender los unos de los
otros. En su libro contra el *bullying*, titulado *Un alma valiente*, Nick ofrece muchas lecciones que los niños pueden usar para
protegerse del *bullying*. No las voy a repetir aquí. Aconsejo a los

padres de niños con necesidades especiales que están en edad de ir a la escuela a que promuevan que el mejor ataque puede ser una buena defensa. La mejor manera en que puedes preparar a tu hijo para manjar adecuadamente el *bullying* es ayudarle a generar una idea muy clara del valor que tiene en el mundo. Hazle saber que es amado y que merece amor. Ayúdale a identificar sus talentos y sus dones y guíalo en construirlos para que sea capaz de ver que tiene una misión en el mundo.

Cuando disciplines a tu hijo con necesidades especiales, procura hacerlo sin criticarlo ni menospreciarlo, porque eso sólo mina su autoestima y lo vuelve más vulnerable a la crueldad de los agresores. Más que nada, mantén abiertos los canales de comunicación y pasa tiempo observando a tu hijo entre sus compañeros para que, si ves que se está dando una situación de *bullying*, puedas atenderla antes de que se vuelva más grave.

Los niños con discapacidad mental a veces no entienden que están siendo víctimas de *bullying*. Tal vez no tengan la capacidad de discernir cuando un agresor está fingiendo ser su amigo pero en realidad se está aprovechando de ellos o los está ridiculizando. Ésa es otra razón por la que es tan importante que los padres se mantengan al tanto y monitoreen de cerca las relaciones de sus hijos. Nosotros procuramos evitar convertirnos en padres helicóptero siempre revoloteando por encima de Nick, pero hicimos un esfuerzo por hablar habitualmente con sus maestros y compañeros.

Si los niños tienen dificultad para comunicar sus emociones, puedes pedirles que hagan dibujos de caras felices o tristes o que usen su posesión preferida para dramatizar cómo fue su día en la escuela y sus interacciones con otros estudiantes. Anímalos a llevar un diario que puedas leer con ellos o pídeles que enlisten las diez cosas principales que pasaron en esa semana de clases.

He visto a otros niños con necesidades especiales responder con gran entusiasmo a los videos contra el *bullying* que Nick ha hecho, los cuales puedes encontrar en YouTube o en los sitios de internet de su libro *Un alma valiente* y de sus organizaciones Life Without Limbs y Attitude Is Altitude. Nick ha estado ahí y puede ofrecer excelentes consejos y motivación a los niños que están lidiando contra los bravucones que los molestan.

Nick anima a los niños con necesidades especiales y a los estudiantes discapacitados a sentirse cómodos consigo mismos y a atreverse a acercarse a otros niños. También defiende que deben ser proactivos. Les dice a los jóvenes que se encuentran deprimidos que deben contrarrestar su desesperación acercándose y ayudando a los demás. Su mensaje positivo los empodera para ser el milagro que buscan, para ayudar a alguien más a encontrar la sanación que necesitan para sí mismos. No hay modo de que estés mal si sigues su consejo.

Protegerse entre sí

A algunos niños los molestan porque son bajos de estatura, porque tienen granos o porque no tienen habilidades atléticas. Imagina lo que debió haber sido para Nick cuando era adolescente dado que era tan distinto de sus compañeros. Tenía veintitantos años cuando conoció por primera vez a otra persona que había nacido sin brazos ni piernas. A menudo era el único estudiante de la escuela en silla de ruedas. Escribía a mano y en teclado y dibujaba con un piecito que era distinto a cualquier cosa que hubieran visto antes sus compañeros. Nick era diferente en formas que saltaban a la vista. No podía simple y sencillamente pasar desapercibido.

Cuando conocían a Nick por primera vez, era natural que sus compañeros de escuela se le quedaran viendo y le hicieran preguntas que a veces lo avergonzaban. Su apariencia es tan poco común que le dijimos que debía esperar que los demás niños actuaran de esa manera. Nuestro consejo era que les mostrara que simplemente era un niño normal que andaba en patineta, jugaba videojuegos y amaba ver películas.

"Habla con ellos. Bromea con ellos. Muéstrales que eres como ellos en todo lo demás", le decíamos.

Nick necesitó armarse de valor para hacer eso. Algunos días no quería salir de la casa. Sentíamos su dolor, pero le decíamos que no podía esconderse del mundo. Dushka y yo lo consolábamos diciéndole que poco a poco lo aceptarían si mostraba fuerza y creía en sí mismo.

"Si quieres que las personas sean amigables contigo, entonces muéstrate como amigo", le dijimos. "No puedes esperar amabilidad y comprensión si tú no las das. Siembras lo que cosechas."

Nick tuvo algunas etapas difíciles, pero, en general, tuvo mucho éxito en su proceso de inclusión escolar. Tuvo días malos, incluso semanas y meses malos, pero aprendió a perseverar y a probarse a sí mismo. Dushka y yo estábamos orgullosos de él porque no sólo demostró ser fuerte, sino que se distinguió de los demás y se convirtió en líder en sus años escolares.

Uno de nuestros recuerdos favoritos de aquella época sucedió durante su primer año de primaria. Dushka y yo nos sentimos profundamente conmovidos cuando visitamos la escuela y observamos a los compañeros de salón de Nick bromeando con él, cargando su mochila y trabajando con él en proyectos. También nos quedamos un poco sorprendidos cuando Nick regresó a casa unos días después y anunció que había ganado un concurso de canicas en el recreo.

—¿Cómo juegas canicas? —Dushka preguntó.

—Ruedo la canica con el pie y si le pego a la de alguien más, puedo quedármela —dijo.

Luego nos enseñó una bolsa bastante grande llena de canicas ganadas con esfuerzo.

Ése es nuestro hijo. ¡Siempre le apunta a ganar!

∽∽∽

Ideas para llevar

- Como con los asuntos médicos, recomendamos que los padres se consideren defensores activos de la educación de sus hijos discapacitados. No puedes asumir que ningún director, maestro, ayudante de profesor, compañero de escuela o padre de familia se preocupará ni conocerá a tu hijo tanto como tú.

- Descubrimos que el mejor enfoque era enlistar a autoridades escolares, maestros y ayudantes de profesor en el programa "Equipo de Nick" que incluía comunicación, coordinación de horarios y una comprensión clara de las necesidades, expectativas, fortalezas, debilidades y metas de nuestro hijo.

• Procuramos nunca criticar abiertamente ni mostrarnos combativos con los profesores aun cuando no estuviéramos de acuerdo con ellos, porque no queríamos que trataran mal a Nick o lo resintieran.

• Estuvimos bastante involucrados en las actividades y programas escolares para mostrar que estábamos comprometidos con la educación de nuestro hijo.

• Puede ser abrumador en el momento, pero recomendamos que los padres entiendan las leyes y regulaciones con relación a los derechos de los niños discapacitados y a los requerimientos que implica educarlos en el sistema escolar.

• Mantén un registro detallado de las calificaciones y evaluaciones de tu hijo, así como de la comunicación con las autoridades escolares y maestros.

• Esfuérzate por estar al tanto del financiamiento del gobierno, las organizaciones de caridad y los programas especiales que pueden beneficiar a los discapacitados en tu sistema escolar. Tu hijo podría ser candidato a recibir más ayuda de la que podrías imaginar.

• Monitorea de cerca los estados de ánimo y las actitudes de tu hijo hacia la escuela de modo que puedas detectar si hay un problema de *bullying*. Habla con tu hijo y consulta con sus maestros y con las autoridades de la escuela si sospechas que existe un problema.

8. RAÍCES Y ALAS
Prepara a tu hijo para convertirse en adulto

*E*l enfoque de paternidad de "tomarlo un día a la vez" que adoptamos desde que Nick era pequeño era un movimiento más defensivo de nuestra parte. Teníamos que criar a Nick. No podíamos pasarnos el día preocupados por su futuro. En esa época ninguno de nosotros podía imaginar cómo podría mantenerse de adulto una persona sin brazos ni piernas. Ese enfoque tuvo que cambiar cuando Nick entró a la adolescencia. Como se acercaba la adultez, cambiamos nuestro enfoque a ayudar a nuestro hijo a encontrar un camino profesional.

Sentíamos la responsabilidad de darle a Nick y a todos nuestros hijos alas y raíces. El término "raíces" se refiere a proporcionar a un hijo cimientos sólidos que por lo general incluyen saber que es amado y valorado, así como herramientas de vida básicas, un sentido de responsabilidad personal, un sistema de valores fuerte y una base espiritual.

El término "alas" se refiere a lo que sucede después de proporcionar esos cimientos y de que un niño alcance la edad adulta. Es el momento, entonces, de dar un paso atrás y dejarle espacio para crecer, para cometer errores y aprender de ellos y, al final, para volverse independiente y autosuficiente. Si tus hijos son capaces y competentes, la meta con las alas y raíces es que un día los veas dejar el nido y volar por su cuenta como adultos exitosos e independientes.

Los padres de niños discapacitados y con necesidades especiales a menudo dicen que, junto con el periodo de diagnóstico inicial, las mayores dificultades vienen cuando sus hijos terminan la escuela y entran en la etapa de adultos. Es posible que muchos niños con necesidades especiales nunca alcancen total independencia a causa de sus problemas físicos y mentales. Sus padres y familias a menudo enfrentan decisiones difíciles, aunque hoy en día parecen existir mejores oportunidades para que muchos vivan de manera independiente con apoyo de ayudantes o en casas comunitarias.

Nuestras preocupaciones iniciales de que quizá Nick nunca sería capaz de mantenerse se disiparon cuando demostró ser buen estudiante y tener una vena empresarial. Pensamos que siempre necesitaría una persona que lo auxiliara, pero también ha demostrado ser increíblemente independiente de muchas maneras.

Los padres queremos lo mejor para nuestros hijos y tendemos a ser más conservadores en nuestra visión de su futuro. Yo pensé que la falta de extremidades de Nick lo restringiría a algún tipo de trabajo de oficina. Sin embargo, él tenía sueños más ambiciosos.

Cuando Nick entró a la secundaria, todavía no teníamos una idea clara de cómo nuestro hijo iba a vivir de manera independiente. Oramos para recibir guía y, mientras tanto, hicimos nuestro mejor esfuerzo para asegurarnos de que estudiara y de que tomara clases que le dieran un buen cimiento de educación.

Nuestra meta era simplemente ayudarle a ser autosuficiente encontrando una carrera que pudiera seguir hasta donde quisiera llegar. Ésa es la meta de la mayoría de los padres con respecto a sus hijos. No queríamos obligarlo a hacer algo que no le interesara, así que hablamos con él sobre sus intereses y sobre las carreras que le llamaban la atención. Era bastante bueno en matemáticas y con las computadoras, lo que le abría muchas posibilidades.

La música era otro interés fuerte de nuestro hijo, quien sigue cantando y tocando la batería electrónica. En secundaria y en la iglesia, participó en una banda de percusiones, tocando la batería y el xilófono. El maestro de la banda de jazz de la secundaria, que quería mucho a Nick, le permitía dirigir la banda durante algunas presentaciones. Nick incluso recibió un premio al mérito del jazz en la secundaria y a veces hablaba sobre hacer una carrera en la música.

UNA GUÍA SUTIL

Como un padre pragmático, me preocupa que las opciones de una carrera bien remunerada y estable fueran muy limitadas en el ámbito de la música, en especial para alguien sin brazos ni piernas. Yo era contador, así que trabajé con él para incrementar su talento inherente por las matemáticas. Hicimos que aprender las tablas de multiplicar fuera divertido para él y para Aarón. Ambos competían para ver quién podía ser el primero en resolver correctamente problemas de matemáticas.

Motivé a Nick en esa área porque algunas de las mejores oportunidades laborales parecían requerir habilidades en matemáticas y computación. Las computadoras de escritorio y las laptops muy rápido se estaban volviendo vitales y Nick, que era un ávido jugador de videojuegos, era adepto a trabajar con el teclado, mouse y joystick usando el pie. En su último año de secundaria, hizo una estancia como becario en un módulo de informática en el Hospital Jubileo Reina Elizabeth II en Sunnybank, Brisbane. Nick respondía llamadas y canalizaba los trabajos. Le pagan bien y recibió retroalimentación positiva, pero no le emocionaba la idea de trabajar todo el día en un escritorio.

Una mayor visión

Hay un dicho que dice que "El hombre propone y Dios dispone." El Todopoderoso debió haberse reído mucho con mis planes de preparar a Nick para un trabajo con números. No existen planes cien por ciento seguros ni garantizados para ayudar a un niño discapacitado a lograr ser autosuficiente. Al final tienen que tomar sus propias decisiones si son adultos capaces. Se requiere de un impulso y determinación increíbles para que quienes tienen desafíos especiales logren tener éxito. Como padres, lo único que podemos hacer es apoyarlos y ayudarlos a hacerlo lo mejor posible.

Mi hijo a veces sentía que yo lo presionaba a tomar clases más difíciles que las que quería tomar. Mi papá, que era cercano a Nick y a menudo lo recogía en la escuela, incluso intervino para decir que creía que yo esperaba demasiado de Nick. Mi padre argumentaba que no debía tener las mismas expectativas hacia Nick que tienen los padres hacia "hijos normales" en cuanto a obtener un empleo y mantenerse.

Le dije a mi papá que habíamos visto a Nick lograr cosas que nunca soñamos posibles. De hecho, Dushka y yo habíamos desarrollado una especie de inmunidad a sentirnos impactados por los enormes logros de Nick. Habíamos llegado a un punto en el que sus hazañas nos hacían encogernos de hombros y decir: "¡Sí! ¡Ése es Nick! Nada lo detiene."

Al final, Nick encontró alas y un camino profesional que amaba, todo con un poco de ayuda de una fuente inesperada: el conserje de la escuela.

Un corazón útil

Cuando Nick fue transferido a la Escuela Secundaria Runcorn, ya no podía tomar el autobús a casa después de clases porque vivíamos en otro distrito. Como resultado, por lo general tenía que esperar a que fuéramos a recogerlo y nuestros horarios de trabajo con frecuencia nos hacían llegar tarde.

Por lo general, Nick tenía que quedarse en la escuela durante una hora antes de que pudiéramos pasar a recogerlo. Para entonces sus nuevos amigos ya se habían ido, así que Nick se quedaba hablando con el señor Arnold, el conserje de la escuela. Su cargo no refleja ni la naturaleza espiritual ni las contribuciones de este hombre que fungió como mentor de nuestro hijo y muchos de sus compañeros. Nick describía al señor Arnold como una persona tan en paz y tan llena de fe que "brillaba desde dentro".

El señor Arnold también era un hombre observador y sabio. En las primeras semanas del año escolar, notó que Nick no había hecho muchos amigos y parecía apartado y triste. Se acercó a Nick y se hizo su amigo. A menudo conversaban en el lobby de la escuela mientras Nick esperaba que pasáramos por él.

Un día, el señor Arnold invitó a Nick a unirse al grupo de jóvenes cristianos que él dirigía en la escuela durante la hora del almuerzo. Nick no había pasado mucho tiempo con los niños cristianos de la escuela, pero le caía bien el señor Arnold, así que aceptó asistir. Durante las primeras reuniones, Nick no participó mucho, pero el señor Arnold seguía motivándolo a hablar sobre su fe. "Queremos saber más de ti, Nick", decía.

Al final, Nick aceptó hablar en la siguiente reunión. Había estado solo y aislado. Lo vio como una oportunidad para que los demás niños supieran que el chico de la silla de ruedas no era distinto a ellos. Estaba tan nervioso que preparó unas tarjetas con algunos puntos.

Nick habló de corazón en la junta, compartiendo anécdotas sobre lo que se siente ser un chico nuevo en la escuela tan distinto físicamente, pero con el mismo deseo de ser aceptado y apreciado. Nick les contó que algunos estudiantes lo habían evitado porque asumían que tenía una discapacidad mental además de sus discapacidades físicas. Confesó que a veces se preguntaba cómo un Dios amoroso podía haberlo creado sin brazos ni piernas. Cuestionó si su vida tendría algún sentido. "Estoy tratando de tener fe en que no fui un error", dijo.

Su público se sintió conmovido por su historia e inspirado por su humanidad, su fe y su valor. A menudo he pensado que la carrera de Nick como orador comenzó ese día. Después de esa charla, Nick sintió como si le hubieran quitado una carga que había estado cargando por mucho tiempo. Casi se puso a llorar. Le sorprendió ver que los estudiantes del grupo también estaban muy conmovidos. Muchos tenían lágrimas en los ojos para cuando terminó de hablar.

—¿A poco lo hice tan mal? —le preguntó al señor Arnold.

—No, Nick. ¡Así de bueno fuiste!

Nick pensó que su amigo estaba siendo amable, pero luego uno de los estudiantes del grupo invitó a Nick a hablar frente al grupo de jóvenes de su iglesia. Otro le pidió que hablara en su grupo de la escuela dominical. Poco después, tenía muchas solicitudes para hablar frente a grupos de distintas iglesias, organizaciones de jóvenes y clubes de estudiantes.

Dushka y yo no estábamos al tanto de los primeros compromisos de Nick como orador porque se lo guardó para sí, pero notamos algunos cambios. Su actitud hacia la escuela se volvió más positiva. También comenzó a mostrar un interés mayor en ir a la iglesia. En pocos meses, Nick anunció que quería ser cristiano y entregó su vida a su fe.

LOS MÉTODOS SIGILOSOS DE DIOS

No quiero decir que Dios sea escurridizo, pero puede ser muy sutil, como un maestro de ajedrez que siempre está seis movimientos adelante de su oponente. Hago la observación porque, por esa misma época en su carrera escolar, Nick escuchó la primera presentación en vivo de un conferencista motivacional llamado Reggie Dabbs, un estadounidense que se dirige a jóvenes en todo el mundo.

Reggie logró cautivar a cuatrocientos inquietos estudiantes de secundaria ese día en la escuela de Nick. Transmitió un poderoso mensaje sobre el poder de la fe y la importancia de las decisiones que tomamos. Reggie les contó a los estudiantes que era hijo de una prostituta de dieciocho años que había estado viviendo en un gallinero junto con sus tres hijos antes de quedar embarazada de él. Había pensado en abortar antes de recurrir a una maestra de inglés de la secundaria que la había ayudado en el pasado.

La maestra Dabbs acogió a la adolescente embarazada y luego ella y su marido adoptaron a Reggie y lo criaron, aunque ya tenían seis hijos suyos. Reggie supo de su madre verdadera cuando estaba en la primaria y pasó muchos años sintiéndose perdido hasta que un ministro cristiano le dijo que era hijo de Dios y que siempre sería amado por su Padre celestial.

No puedo decir cuál fue el impacto de Reggie en los demás niños, pero definitivamente inspiró a Nick con un mensaje muy claro: "No puedes cambiar tu pasado pero puedes cambiar tu futuro."

Encontrar un camino

Hay dos puntos muy poderosos que todo niño debería saber, en especial los que padecen alguna discapacidad o tienen necesidades especiales: puede que tengan dificultades importantes, pero también tienen el poder de sacar el mayor provecho a sus vidas y nunca están solos si tienen fe y creen que todo es posible.

Creo que Dios llevó a Reggie a la vida de Nick para mostrarle el camino. Nick había hablado poco en público antes de escuchar a Reggie, pero su charla ese día le mostró a nuestro hijo que las personas pueden tener un impacto positivo al compartir sus experiencias de vida con honestidad. Un poco después, Nick puso en práctica esa lección mientras hablaba a uno de sus primeros públicos numerosos, un grupo de casi trescientos adolescentes.

Siguiendo el ejemplo de Reggie, ese día, Nick contó su propia historia y compartió sus experiencias y sentimientos sobre haber nacido sin extremidades, así como su lucha por ganarse la aceptación y su búsqueda por encontrar un sentido y una intención para su vida. Explicó que, con el tiempo, con la ayuda de su fe renovada y de quienes lo amaban, se dio cuenta de que tenía una misión en la vida para la cual había sido creado. "Al igual que todos ustedes", les dijo.

En ese punto de su discurso, una chica que estaba en el público se echó a llorar. Nick dejó de hablar porque se preocupó mucho por ella, pero no sabía qué hacer. Para su sorpresa, ella levantó la mano y preguntó si podía pasar al frente para darle un abrazo. Esto nunca le había pasado a Nick.

Él la invitó a pasar al frente. Ella se secó las lágrimas, caminó hacia el frente del salón y lo abrazó durante varios minutos. Casi todos los presentes, tanto maestros como alumnos, tenían lágrimas para entonces. Nick estuvo a punto de venirse abajo cuando la chica le susurró al oído: "Nadie me ha dicho que soy hermosa tal y como soy. Nadie nunca me ha dicho que me quiere", dijo. "Me has cambiado la vida y tú también eres una persona hermosa."

En sus discursos y sus libros, Nick a menudo cuenta este momento que le cambió la vida. Había visto a Reggie Dabbs conmover al público hasta las lágrimas y al mismo tiempo inspirarlos, pero cuando esa adolescente lo abrazó y le dijo que le había cambiado la vida, mi hijo se dio cuenta de que podía tener el mismo impacto poderoso.

Nick había encontrado su misión en la vida, el camino que Dios quería que siguiera en la Tierra. De pronto, todo tuvo sentido para él… hasta su falta de brazos y piernas. Se dio cuenta de que Dios le había dado un cuerpo que representaba una declaración poderosa aun antes de que lo escucharan hablar.

Cuando la gente ve a Nick por primera vez, saben de inmediato que ha tenido que enfrentar dificultades terribles en la vida. Luego, cuando lo ven sonreír irradiar fuerza, calidez y optimismo, saben que Nick ha logrado elevarse por encima de esas dificultades. Sin escuchar una sola palabra de su boca, entienden que tiene algo valioso que compartir.

Las dudas de papá

Ahora, debo confesar que yo me tardé un poco en subir a bordo del plan de Nick de convertirse en orador motivacional. No podía ver de qué manera mi hijo podría ser capaz de mantenerse haciendo eso. Por lo poco que yo sabía sobre Reggie Dabbs, parecía que tenía que viajar por todo el mundo para conseguir trabajo. No podía imaginar a mi hijo jalando su silla de ruedas a aviones, autobuses y trenes para hacer lo mismo. Viajar constantemente sería demasiado difícil para él.

Después de todo, soy su papá y los padres podemos ser muy lentos en lo que respecta a nuestros hijos y a su capacidad de superar nuestras expectativas. Solemos ser más cautelosos y conservadores porque no queremos que nuestros hijos la pasen mal. Cuando Nick dijo que quería ser orador profesional, mi respuesta fue: "¿De qué vas a hablar?"

Su respuesta no me llenó de confianza exactamente: "Todavía no lo sé."

No quería verter agua en las llamas de su pasión, pero no podía ver cómo es que lograría tener el número necesario de conferencias remuneradas como para poder pagar sus cuentas de adulto. No me burlé de su idea, pero insistí en que se siguiera preparando e hiciera una carrera en negocios o contabilidad de modo que tuviera un plan B en caso de que sus sueños de convertirse en orador profesional no resultaran.

Yo estaba atrapado en la forma de pensar convencional sobre cómo conseguir trabajo. Nick tenía aptitudes para las matemáticas, pero sentía pasión por hablar en público. Llegamos a un acuerdo. Él aceptó estudiar para obtener un título doble, en planeación financiera y contabilidad mientras daba charlas en su tiempo libre.

Me sentí feliz de inscribir a Nick en la universidad. Sabía que estaba dando charlas también, pero no me di cuenta de lo serio que era al respecto hasta que un caballero, John Hyman, que se identificó como el asesor de oratoria de mi hijo, se presentó en nuestra casa. Debo admitir que fue un movimiento inteligente de parte de Nick. Si alguna vez has visto al típico experto en oratoria dar un discurso, habrás notado que hay muchos movimientos implicados: caminan por el escenario, manotean y hacen muchos ademanes. Nick tenía que aprender a mantener la atención de su público sólo con su tono de voz y su casi sobrehumana habilidad para hacer contacto visual con prácticamente todos en el público durante sus discursos.

Ambiciones crecientes

A menudo los padres no logran reconocer las ambiciones que florecen en sus hijos. Esto probablemente se debe a que pasamos años haciendo milagros para que se levanten de la cama para ir a la escuela e insistiendo en que terminen su tarea. Las mamás y los papás se meten en la cabeza que tienen que hacer todo por sus hijos y se aferran a esa idea hasta que sus hijos maduran y empiezan a descubrir sus propias motivaciones. He escuchado decir a algunos padres que les sorprende descubrir que sus hijos holgazanes se han convertido en adultos trabajadores, motivados y con gran concentración. ¡No sabían que eso estaba dentro de sus hijos!

Siempre hemos dicho que en cuanto Nick comenzó a hablar de bebé, no había forma de detenerlo y eso resultó cierto también en su carrera como orador. Nick me sorprendió con su ambición e impulso por convertirse en un orador especializado. Tomó todos los cursos al respecto que pudo encontrar. También se invitaba como orador para hablar en público, sin importar si la gente quería escucharlo o no. En los primeros días, a Nick no le pagaban por la mayoría de sus charlas. No le interesaba ganar dinero. Su meta era ganar experiencia, pulir sus habilidades y aprender el oficio. Durante sus años de universidad, logró conseguir cada vez más compromisos remunerados y nosotros lo animamos a que ahorrara sus ganancias de modo que algún día pudiera comprar una casa.

Poco antes de cumplir veinte años, Nick se las arregló para dar el enganche para una pequeña propiedad de alquiler. Incluso le quedaban veinte mil dólares. Estábamos orgullosos de él porque había trabajado duro para ganar ese dinero, dando charlas por todo el país.

Una de las principales razones por las que yo creía que una carrera como conferencista no era una buena idea para Nick era el hecho de que no sería capaz de llevarse sólo a sus compromisos. Dushka y yo teníamos mucho trabajo y asuntos domésticos que atender. No veía de qué manera Nick iba a trasladarse, pero se las arregló.

No recuerdo cuánto tiempo me tomó darme cuenta de que en cuanto Aarón obtuvo su licencia de conducir, Nick lo puso en la nómina como chofer. De hecho, no estoy seguro de que siquiera le pagara a Aarón, pero debió haber alguna remuneración por los kilómetros que manejó, pues terminaron recorriendo juntos todo Australia. Poco sabía yo sobre que mis hijos habían cocinado planes de viajes aún más grandes.

Conforme Nick se acercaba a su cumpleaños número veinte, anunció un día que se iba a Sudáfrica, donde pretendía usar los veinte mil dólares que tenía en su cuenta de ahorros para comprar suministros para niños necesitados de orfanatos. Y, por si esto no fuera lo suficientemente sorprendente, Nick nos dijo que se iba a llevar con él a su hermano menor.

La vida con Nick nunca ha sido aburrida, pero está fue una sorpresa gigantesca, triplemente:

¿Sudáfrica?

¿Todos tus ahorros?

¿A tu hermano menor?

Dushka y yo teníamos amigos que habían vivido en Sudáfrica y sabíamos que no era el lugar más hospitalario del mundo. En ese punto, Nelson Mandela había sido liberado y estaban comenzando las negociaciones para terminar el *apartheid*, pero seguía habiendo un gran revuelo, incluyendo confrontaciones con disparos entre manifestantes y autoridades.

Le preguntamos a Nick por qué a Sudáfrica. De nuevo, su respuesta no calmó mucho nuestra alarma. Nick decía que estaba respondiendo al llamado de alguien que había conocido, un hombre que decía que Sudáfrica necesitaba su mensaje. Este sudafricano, John Pingo, contactó a Nick por internet después de ver sus videos en línea. John era activo en un ministerio cristiano en su país natal.

Se había sentido inspirado por un video de Nick y había ofrecido organizarle una gira de charlas por Sudáfrica. La mayoría de los compromisos eran en iglesias, escuelas y orfanatos, ¡pero algunos eran en prisiones!

Un corazón generoso

Nick aceptó hacer la gira sin consultarnos. Él y John habían estado en contacto por internet durante varias semanas y Nick estaba tan conmovido por las historias de John sobre los huérfanos necesitados que había decidido darles sus ahorros.

—¿Tienes que darles *todo?* –pregunté.

—Bueno, papá, mamá y tú siempre nos enseñaron que es mejor dar que recibir, así que eso es lo que voy a hacer –dijo.

¡Cielos! Hay muchas lecciones de la Biblia que quieres que tus hijos tomen al pie de la letra, pero a veces quisieras que hubiera una adenda sólo por practicidad. Por ejemplo, desearía que le hubiéramos enseñado a Nick que es mejor dar que recibir, siempre y cuando te quede lo suficiente para vivir.

Intentamos infundir amabilidad y caridad en todos nuestros hijos. Enfatizamos que necesitaban crear cimientos sólidos para poder compartir libremente sus bendiciones con los demás. Queríamos que fueran ciudadanos responsables y tuvieran espíritus generosos. Fiel a su naturaleza dinámica, Nick lo tomó y lo aplicó con pasión.

Estábamos agradecidos de que Nick tenía un corazón caritativo y quería ayudar a los demás, pero no queríamos que pusiera en riesgo su propia estabilidad económica. Por supuesto, Nick me recordó que a menudo yo hablaba de Jesús como el Dador, que había renunciado a su vida por nosotros.

—Sólo estoy haciendo lo que me enseñaste a hacer —dijo.

Dushka y yo intentamos convencer a Nick de que todos apoyábamos que fuera caritativo, pero que también tenía la responsabilidad de cubrir sus propios gastos y mantenerse.

—No querrás terminar necesitando caridad tú también. Aunque vendas tu propiedad y des todo lo que tienes, nunca lograrás satisfacer todas las necesidades que existen en el mundo, así que sería mejor y más sabio usar unos cuantos miles de dólares de tus ahorros para ayudar a los huérfanos pero conservando lo suficiente para ti.

Intenté convencer a Nick de que la actitud cristiana era contribuir con los demás pero asegurándote de poder sostener tu propio peso de modo que no te volvieras una carga para la sociedad. Señalé que, en las Escrituras, el apóstol Pedro decía que debíamos trabajar para darles a los demás, pero asegurándonos de tener suficiente para nosotros mismos.

Por supuesto, Nick fácilmente podía contestar con una cita de Lucas 6:38: "Den y se les dará… Porque con la medida con que midan serán medidos" y de Mateo 19:21: "Si quieres ser perfecto, anda, vende lo que tienes, y dalo a los pobres, y tendrás tesoro en el cielo. Luego, ven y sígueme."

Después, podía haber seguido con el Libro de los Proverbios 11:24-25: "Hay quienes reparten, y les es añadido más; y hay quienes retienen más de lo que es justo, pero vienen a pobreza. El alma generosa será prosperada. Y el que saciare, él también será saciado."

Y podía haber terminado con una frase de 2 Corintios 9:7: "Cada uno dé como propuso en su corazón: no con tristeza, ni por necesidad, porque Dios ama al dador alegre."

La Biblia nos dice que se lo enseñemos a nuestros hijos, pero, en este caso, me preocupaba que tal vez hubiéramos hecho un trabajo demasiado bueno. Nos aseguró que sería capaz de volver a llenar su cuenta bancaria con más conferencias al regresar de Sudáfrica.

La aventura africana

Honestamente, Dushka y yo no teníamos la energía para luchar contra la decisión de Nick de ir a Sudáfrica y dar su dinero a la caridad, porque estábamos más preocupados todavía por su seguridad y por sus planes de llevarse consigo a Aarón. Nick también les había pedido a dos primos suyos que lo acompañaran y ayudaran, pero uno de ellos tuvo que rechazar la invitación. Nick decía que necesitaba la ayuda de Aarón.

Aarón era un hermano muy solidario que ayudaba a Nick a trasladarse y fungía como su asistente cuando lo contrataban para dar conferencias. Podía hacer lo mismo en su aventura a Sudáfrica, decía Nick. Mi punto era que, aunque Nick era un adulto y tenía una carrera, su hermano menor acababa de cumplir dieciocho y seguía estudiando y viviendo en casa. ¿Cómo íbamos a dejar que los dos se fueran a Sudáfrica a una gira organizada por alguien a quien no conocíamos? "¿Y quién es ese John Pingo?", le preguntamos a Nick.

Nick me dio el teléfono de John y me dijo que me respondería todas mis preguntas y preocupaciones. Hablé con John y sonaba muy maduro y bien organizado. Estaba tan comprometido con la gira de conferencias que había vendido su coche para financiar el viaje y para contribuir él también con una donación para los necesitados. Me prometió repetidas veces que Nick y Aarón siempre estarían seguros y que tendrían dónde dormir y qué comer.

Luego hablé con Aarón, quien admitió que al principio se mostró escéptico cuando Nick le sugirió el viaje a Sudáfrica. De hecho, su reacción inicial fue rechazar la idea: "¡No quiero que me coma un león!"

Una vez que logró superar su preocupación de ser la cena de un depredador, Aarón se entusiasmó mucho de acompañar a Nick.

Dushka y yo no compartimos ese entusiasmo, pero no podíamos negarles esa oportunidad a nuestros hijos.

Después de que Nick y John Pingo me prometieron que estarían seguros y que cuidarían a Aarón, Dushka y yo los dejamos ir. Tuvimos muchas dudas y ninguno de los dos durmió mucho mientras estuvieron fuera. Era difícil mantenernos en comunicación con ellos porque estaban viajando por muchas zonas donde no había señal de celular, ni siquiera servicio telefónico normal. Viajaron a Ciudad del Cabo, Pretoria, Johanesburgo y a todos los puntos entre un lugar y otro en una camioneta que les prestó la tía de John.

Dushka y yo hubiéramos dormido todavía peor durante su aventura sudafricana si hubiéramos sabido que John Piego no tenía tanta experiencia como habíamos asumido.

El nido vacío

Los padres se acostumbran a tener el control sobre sus hijos y a tomar decisiones por ellos. Una vez que nuestros hijos llegan a la edad adulta, quieren tomar sus propias decisiones. Para los padres, es difícil dejarlos ir y aún más difícil ver a sus hijos cometer errores. Lo único que podemos hacer es esperar que aprendan de sus errores y de lo que les hemos enseñado. Queremos darles espacio para volar por cuenta propia, aunque al principio es difícil verlos luchar. La esperanza es que un día lleguen a tener éxito.

Con renuencia, dejamos ir a Nick a Sudáfrica por esa razón. Legalmente era un adulto. Nos sentíamos menos cómodos con que se llevara a Aarón. De hecho, le dije a Nick que, si algo malo le sucedía a su hermano menor estando bajo su custodia, nunca lo perdonaría. Dushka y yo estuvimos preocupados durante todo el tiempo que estuvieron lejos, en especial si pasaban un par de días sin saber nada de ellos.

Por fortuna, sobrevivieron a su declaración de independencia y a todos los peligros de Sudáfrica. Llegaron a casa como previsto dos semanas después de partir. Ambos dijeron que su vida había cambiado luego de ver la pobreza y el hambre y al mismo tiempo de ser testigos de la capacidad que las personas que vivían en esas condiciones tenían para seguir alegres y agradecidas por sus bendiciones. Nuestros hijos contribuyeron para aliviar su sufrimiento regalando los ahorros de Nick. Era difícil estar molestos con ellos porque gastaron el dinero en los artículos, electrodomésticos, ropa deportiva y regalos para los orfanatos y los huérfanos. Tuvieron muchas aventuras en el viaje y estoy seguro de que aún no nos han contado sus andanzas más peligrosas.

Casi me desmayo cuando confesaron que resultó que John Pingo sólo tenía diecinueve años. Como yo, Nick y Aarón habían asumido que John estaba por cumplir treinta, si no es que ya tenía treinta y tantos, porque sonaba muy maduro por teléfono. Descubrieron que se había ganado a pulso su madurez.

John había crecido en una granja de ganado en la república del Estado Libre de Orange, en Sudáfrica. Se había rodeado de malas compañías, pero se había vuelto un ferviente cristiano e incluso tenía una pequeña empresa de camiones. John consideraba que la gira de conferencias que había organizado para Nick era su regalo de amor para los necesitados de su país. Por fortuna, resultó un organizador y un guía confiable y seguimos siendo amigos suyos y de su familia.

GRANDES AMBICIONES

Cuando Nick despegó, no tomó el camino seguro y desde entonces más o menos ése ha sido su patrón de vuelo. Se ha atrevido a ir a algunos de los lugares más peligrosos del mundo, como prisiones violentas en Sudamérica, lugares donde hay esclavos sexuales y los barrios más desfavorecidos de Mumbai, donde por muy poco se salvó de los bombardeos letales que mataron a veinte personas y dejaron heridas a cien o más.

Aarón me contó que después de que llegaron a Sudáfrica en ese primer viaje y fueron en coche a Johanesburgo, vio un letrero que decía "Aquí estrellan y agarran." Aarón le preguntó a John qué significaba ese letrero y le explicó: "Significa que ésta es un área en donde te estrellan el vidrio del coche, agarran tus cosas y se echan a correr." El siguiente ruido que se escuchó fue que cerraron las puertas de la camioneta, pero no volvieron la vista atrás.

Dushka y yo pensamos que a Nick tal vez le parecería que las dificultades del viaje eran demasiado para él. Como padres, queremos proteger a nuestros hijos cuando salen al mundo. A veces, los vemos asumiendo demasiadas cosas y queremos que le bajen un poco, que sean más realistas y aligeren la carga.

No dejábamos de imaginarnos lo agotador que debía ser para él el viaje. Para cualquiera sería cansado viajar a regiones remotas con pocos recursos y mal hospedaje. Imagínate hacerlo sin tener brazos ni piernas, incapaz de espantar a los insectos o de tomar agua de una botella al tener sed. Incluso viajar durante periodos largos en vehículos o aeroplanos es más difícil para Nick a causa de sus problemas de espalda. Es famoso por estirarse en los compartimentos de algunos aviones, pero sólo de broma para asustar a los pasajeros al momento de abrir las puertas.

Nos preguntamos si Nick volvería sintiéndose exhausto y abrumado por el esfuerzo de inspirar esperanza y fe en partes del mundo donde la pobreza y la desesperación eran tan constantes. ¿Pensaría que sus dos mil dólares eran una cantidad ridícula en comparación con lo que se necesitaba? ¿Regresaría a nosotros desanimado y renunciaría a su sueño?

No, eso no sucedió. Nick regresó a nosotros físicamente exhausto pero espiritualmente exaltado. Él y Aarón se quedaron cautivados con Sudáfrica y su gente imparable. Entre la terrible pobreza, las condiciones de vida adversas, la enfermedad y la desnutrición, les sorprendió encontrar tanta risa, alegría, cantos y fe. Les encantó que la gente cantara espontáneamente y les gustaron los coros estilo africano. Ver a esos niños y adolescentes pobres felices y cantando a pesar de la carencia y la adversidad de las circunstancias fue algo que los dejó impactados. Nick había ido a Sudáfrica a inspirar esperanza a la gente y regresó inspirado por la fuerza y persistencia del espíritu humano.

EL MOMENTO DEL LANZAMIENTO

Todos los padres saben que un día sus hijos deben valerse por sí mismos. Pero por mucho que nos preocupemos por ese día, ¡tal vez nos preocupa más que nunca llegue o que no sea definitivo! Por supuesto, los padres de niños discapacitados o con necesidades especiales tienen una visión mucho más complicada al respecto.

Dushka y yo estamos agradecidos y le damos las gracias a Dios de que Nick creció para convertirse en una persona del todo capaz de mantenerse a él y a su familia. Hay muchos padres que tienen hijos con discapacidades más severas que hacen que sea mucho más complicado, si no es que imposible, que logren independencia. Lo único que podemos hacer es dar nuestro mejor esfuerzo para proporcionarles lo que necesitan, confiar en nuestra fe y en cualquier apoyo que tengamos disponible.

Como probablemente sepas, Nick viaja con frecuencia en su carrera como conferencista y evangelizador. La última vez que pregunté, había estado por lo menos en cuarenta y cuatro países. Hace un par de años, hizo una gira que tocó veinticuatro países en doce meses. Ha inspirado a millones de personas en todo el mundo y ha hecho que miles se declaren cristianos.

Le dimos a nuestro hijo raíces plantadas en la fe y en la familia. Él usó como alas la ausencia de límites y una determinación imparable. A Dushka y a mí nos gustaría tener el crédito, pero lo único que sabemos es que el increíble viaje de Nick ha sido diseñado y guiado por nuestro Padre celestial. Hemos sembrado y otros han regado, pero la Biblia dice: "fue Dios quien lo hizo crecer". Me sigue pareciendo verdaderamente notable que nuestro hijo sin extremidades se haya convertido en un hombre que guía a personas de todo el mundo en su camino hacia Dios.

Ideas para llevar

- Tal vez los mayores regalos que podemos dar a nuestros hijos hacia el éxito en la edad adulta son un cimiento de amor incondicional, una sensación de que tienen una misión en la vida, un sistema de valores que los guíe y una base como fuente espiritual de esperanza.

- Los padres de niños con necesidades especiales a menudo lo toman un día a la vez cuando sus hijos son pequeños porque es la única manera en la que pueden funcionar. Tal vez ésa sea la estrategia apropiada, pero, en cuanto los niños llegan a la adolescencia, los padres deberían comenzar a ver si es posible y en qué medida lo es que sus hijos se conviertan en adultos independientes y tienen que prepararlos para esa etapa de la vida.

- Las personas que padecen autismo, enfermedades mentales y discapacidades físicas severas, así como síndrome de Down pueden ser incapaces de vivir de manera independiente, así que los padres deben hacer todo lo posible por garantizar que sus hijos tengan protección y apoyo cuando sean adultos. Es importante consultar a sus médicos, terapeutas, maestros y abogados para determinar sus capacidades y vulnerabilidades.

- Ningún padre quiere imponerle limitaciones a un hijo, así que si tu hijo identifica una trayectoria profesional que parezca muy ambiciosa o difícil de alcanzar, lo mejor es guiarlo para desarrollar un plan de respaldo y ayudarlo a obtener las herramientas y conocimientos necesarios.

- Prepárate para el día en que tu hijo se declare independiente y emprenda el vuelo. El adulto que has criado quizá te sorprenda.

9. CRECER JUNTOS SIN DISTANCIARSE
Mantén fuertes los lazos del matrimonio

*M*ientras estábamos de viaje con Nick en Florida hace unos años, conocimos a una joven pareja cuyo hijo de un año había nacido sin brazos ni piernas. Los padres eran admiradores de los videos y libros de mi hijo. De inmediato sentimos una conexión con ellos. Mientras hablaba con ellos sobre las dificultades de criar a un hijo así, me di cuenta de que tenían exactamente la misma edad (veintiséis y veintiocho años) que teníamos Dushka y yo cuando Nick nació. Me di cuenta de que parecían estarlo haciendo mucho mejor que nosotros en la primera etapa como padres de un niño sin extremidades. Explicaron que su viaje era distinto del nuestro en dos formas importantes:

A comienzos del embarazo, la esposa se hizo un ultrasonido y su médico se dio cuenta de que el bebé no había desarrollado extremidades. Su médico les aconsejó que quizá debían considerar abortar al bebé a causa de la discapacidad, pero ellos se negaron. Mientras esperaban el nacimiento de su hijo, tuvieron tiempo de pasar por el duelo y llegar a la aceptación.

La segunda diferencia entre nosotros era el hecho de que tenían un modelo a seguir para criar a su hijo: nosotros. La pareja nos dijo que habían decidido criar a su hijo por lo que habían aprendido de Nick a través de sus videos, charlas y libros. Nick les había dado esperanza. Gracias a él se dieron cuenta de que era posible que su hijo tuviera una vida buena y productiva.

Dushka y yo estamos agradecidos de que el ejemplo de nuestro hijo perfectamente imperfecto haya ayudado a esa pareja a prepararse para traer al mundo a su hijo. Del mismo modo, esperamos que nuestras experiencias al criar a Nick puedan ayudar a otros padres de niños discapacitados.

Hasta este punto del libro, he narrado muchas de las pruebas que enfrentamos con Nick. He explicado las emociones que sentimos y las soluciones que encontramos. En este capítulo, quiero cambiar el enfoque del hijo a los padres, uno de los activos más grandes que tiene un niño y sus mejores abogados.

Mi mejor consejo es el siguiente: *cuida a tu hijo cuidando tu matrimonio*. La lección de Mateo 7:24-27 es cierta para el matrimonio:

> Por tanto, todo el que me oye estas palabras y las pone en práctica es como un hombre prudente que construyó su casa sobre la roca. Cayeron las lluvias, crecieron los ríos, y soplaron los vientos y azotaron aquella casa; con todo, la casa no se derrumbó porque estaba cimentada sobre la roca. Pero todo el que me oye estas palabras y no las pone en práctica es como un hombre insensato que construyó su casa sobre la arena. Cayeron las lluvias, crecieron los ríos, y soplaron los vientos y azotaron aquella casa, y ésta se derrumbó, y grande fue su ruina.

He ofrecido testimonios abundantes de las lluvias y vientos que soplaron contra nuestro matrimonio en los primeros años de Nick y más adelante. Presiones financieras, preocupaciones de salud y las responsabilidades de todos los días que implica proteger y criar a un niño con necesidades especiales están entre las muchas fuerzas potencialmente destructivas que pueden desgastar tu relación. Para dar a tu hijo discapacitado todos los cuidados y apoyos paternos que necesitas, debes cuidar tu matrimonio y mantener sus cimientos sobre la roca en lugar de sobre la arena. Los matrimonios y las relaciones pueden derrumbarse bajo el estrés que implica criar a niños discapacitados. La culpa, el enojo, la desconfianza y los malentendidos fracturarán todo lo que has construido si no encuentran maneras de trabajar juntos en vez de distanciarse.

Resulta útil tener en mente que cada individuo responde a las crisis a su manera con base en su experiencia, su educación y su química cerebral, entre otros elementos complejos. Maridos y esposas pueden tener estrategias contrarias, respuestas emocionales contrastantes, niveles desiguales de compromiso y límites diversos. Esas diferencias pueden sumarse al estrés a menos que se enfoquen en lo que tienen en común: el bienestar de sus hijos y los lazos de su matrimonio.

Para ser sinceros, Dushka y yo pasamos por muchos momentos difíciles. La verdad he hecho mi mejor esfuerzo por desvanecer de mi mente esos recuerdos. Lo importante es que nuestro matrimonio sobrevivió y hoy estamos cosechando maravillosas recompensas. Nuestra familia está intacta y llena de amor y estamos pasando nuestra mejor época juntos.

Padres perfectamente imperfectos

Con el paso de los años, las personas a menudo nos dicen: "Deben estar orgullosos de su hijo y seguramente ustedes son padres especiales." Sí, estamos muy orgullosos de Nick, de sus logros, su actitud, su fe, su visión positiva de la vida, pero no somos para nada especiales. Somos una familia de clase media proveniente de inmigrantes. Nuestro mayor activo es algo que comparten las personas de fe. Dushka mencionó este hecho durante una entrevista con un reportero que estaba escribiendo una historia sobre Nick y su familia: "Hicimos nuestro mejor esfuerzo con lo que sabíamos. De hecho, hicimos lo que cualquier otro padre hubiera hecho en nuestras circunstancias. La verdad es que Dios lo hizo, no nosotros."

Cuando Nick nació, cuestioné a Dios y a su amor. Era humano, no súper humano; de hecho, era común y corriente, quizá incluso menos que eso. No me sentía fuerte. Me sentía débil. Así que te puedes imaginar mi escepticismo cuando una amiga hizo la siguiente afirmación cuando Nick tenía como dos años: "Nick no podía haber tenido como padres a una mejor pareja."

Lo decía como un cumplido y se refería a que Dushka y yo parecíamos estar a la altura del reto de criar a un hijo con una discapacidad severa. Sin duda alguna, nosotros no nos veíamos como el mejor tipo de personas para criar a un hijo así.

A medida que la vida nos impulsó hacia adelante, nos sentimos abrumados y bendecidos al mismo tiempo. No nos sentíamos abrumados por Nick sino por nuestras dudas y temores de no ser capaces de darle todo lo necesario para tener éxito. Y nos sentíamos bendecidos por tener un hijo con un espíritu tan indomable y un matrimonio que, aunque sólo llevaba cinco años, estaba construido sobre la roca, no sobre la arena. Teníamos lazos fuertes que no podían romperse fácilmente. Fueron puestos a prueba, sin lugar a dudas, pero se mantuvieron. Nos necesitábamos el uno al otro para darle a nuestro hijo el mejor cuidado y la mejor infancia posible. Sentíamos que teníamos que trabajar tan duro para mantener fuerte nuestro matrimonio como para darle a nuestro hijo todo lo necesario.

Hemos conocido a muchos padres solteros que hacen un trabajo excelente con sus hijos. Llevan a cabo muchos sacrificios y soportan dificultades y soledad para darles lo que necesitan. La mayoría de los padres solteros son personas heroicas que hacen lo mejor que pueden por sus hijos. No obstante, la mayoría admite libremente que habría sido más fácil si hubieran tenido un cónyuge con quien compartir la carga.

La madre y el padre pueden tener estilos de paternidad muy distintos, pero cada uno de ellos es una influencia fundamental en la vida de su hijo. De hecho, los padres probablemente no han recibido el respeto que merecen como educadores más que como simples proveedores. Una investigación reciente que revisó treinta y cinco estudios en todo el mundo, incluyendo a más de cien mil niños, descubrió que tanto los padres como las madres desempeñan papeles críticos en el desarrollo de la personalidad de sus hijos. La falta de cualquiera de los dos puede dañar la salud emocional y mental del individuo, según un reporte publicado en la *Personality and Social Psychology Review* (Revista de Personalidad y Psicología Social).

La investigación descubrió que la presencia del padre es particularmente importante para el comportamiento y puede influir en si más adelante alguien tiende a beber en exceso, consumir drogas o padecer problemas de salud mental. Ésa es otra razón por la que es tan importante que las parejas se apoyen entre sí y se mantengan unidas cuando enfrentan los retos de criar a un hijo discapacitado o con necesidades especiales.

Para cuando Nick cumplió dos años, habíamos dejado de intentar averiguar los *por qués* de las discapacidades de nuestro hijo. En cambio, nos enfocamos en los *cómos* de su educación. Fueron épocas estresantes. Ayudó que tuvimos cinco años de relativa calma como pareja de casados antes de la llegada de Nick.

El primer hijo siempre pone a prueba los lazos de una relación y tener un hijo con una discapacidad severa multiplica el estrés de manera exponencial. El estrés disminuyó un poco en cuanto instalamos en casa a Nick. De bebé, era como otro bebé de pañales incapaz de alimentarse solo, así que eso nos dio un periodo más tranquilo de ajuste.

Abrazamos la normalidad y la disfrutamos. Al final, Dushka y yo bromeábamos con la idea de que éramos la pareja perfecta para criar a Nick. Se volvió una broma recurrente, por lo general marcada de ironía siempre que nos encontrábamos una época particularmente difícil o nos topábamos con un gran reto. Decíamos: "*Esto* no podía haberle sucedido a una mejor pareja."

Por lo general nos reíamos, pero a menudo el sentimiento era dulce y amargo a la vez. Todos los padres que tienen hijos con necesidades especiales te dicen que es una ruda de la fortuna de las emociones. El estrés puede destruir un matrimonio. Puede separar parejas. No obstante, también es la oportunidad de fortalecer lazos de modo que sean lo bastante fuertes y resistentes para soportar cualquier reto y duren para siempre.

SEIS ESTRATEGIAS PARA CONSERVAR UN MATRIMONIO BAJO ESTRÉS

Cuando Dushka y yo reflexionamos sobre cómo mantuvimos nuestra relación a lo largo de los desafíos de criar a Nick y a nuestros demás hijos, podemos identificar algunas cosas que resultaron útiles. Por supuesto, no hay garantía de que les funcionen a todos. He notado antes que muchos padres que tienen hijos con discapacidades o necesidades especiales enfrentan dificultades mucho más grandes que las que tuvimos con Nick. Nos asombra la increíble fuerza, la paciencia y los heroicos esfuerzos de quienes tienen hijos con discapacidades físicas o mentales más severas. Dicho esto, probablemente es cierto que estas sugerencias pueden dar algunos beneficios a cualquier pareja que esté lidiando con situaciones estresantes relacionadas con la paternidad.

No puedo decir que nosotros hicimos de manera consciente la mayoría de esas cosas y sin duda de vez en cuando tuvimos lapsos en que no las seguimos. La vida suele distraerte de tus mejores intenciones. He tenido que reflexionar sobre lo que funcionó y lo que no para identificar cada una. Honestamente, dimos con la mayoría de estas cosas después de un montón de experiencias de ensayo y error. Cuando encontrábamos algo que funcionaba, nos apegábamos a eso y tratábamos de ser consistentes. Tal vez te parezca que algunas de estas cosas son útiles en tus esfuerzos por mantener fuertes los vínculos de la relación al tiempo que enfrentas los desafíos de la paternidad.

Nuestra relación se benefició de las siguientes estrategias mientras criábamos a Nick:

1. Plantearnos como "El equipo de Nick", en el cual cada uno asumía papeles específicos al tiempo que compartíamos responsabilidades y nos apoyábamos mutuamente.

2. Tratar de ser flexibles y adaptables en nuestros papeles como padres.

3. Hacer nuestro mejor esfuerzo para comunicar siempre sentimientos y preocupaciones antes de que surgieran problemas.

4. Tener en mente por qué nos casamos en primer lugar y tomar tiempo para refrescar y profundizar nuestros lazos.

5. Aprovechar al máximo todos los recursos disponibles, incluyendo familia, amigos y ministros, agencias locales, estatales y federales, terapeutas profesionales, grupos de apoyo y sitios de internet confiables.

6. Recordar ser agradecidos y reír lo más posible para aligerar la carga.

A continuación, revisemos cada uno de estos métodos de manera individual.

1. El equipo de Nick

Cuando un hijo tiene necesidades especiales, es fácil que los padres se sientan abrumados incluso por la rutina diaria que se requiere. El estrés sólo aumenta si se concentran en especulaciones que no pueden responder sobre el futuro y sobre las dificultades que le esperan a su hijo cuando sea adulto. Es fácil que los padres caigan en la desesperación y en la depresión a menos que se apoyen entre sí, tomen las cosas como vienen, hagan sólo lo que es posible y permanezcan concentrados en las soluciones más que en los problemas.

Todo matrimonio y toda relación fuerte requieren cierto grado de egoísmo, renunciar al "yo" en favor del "nosotros". Las discapacidades de Nick hacían que fuera necesario ir un paso más allá. Nos convertimos en "El equipo de Nick", enfocados en su cuidado y su desarrollo, pero también hicimos nuestro mejor esfuerzo por mantenernos cerca como pareja pasando tiempo juntos y compartiendo nuestros sentimientos.

Por supuesto, esta situación cambió con el tiempo y ése es un punto importante que deben tener en mente los padres de recién nacidos y niños pequeños. Los primeros años por lo general son los más difíciles por todos los problemas emocionales, así como por la difícil curva de aprendizaje y el impacto en tu estilo de vida. Ten muy en cuenta el hecho de que, a medida que fijes una rutina y una existencia más normal, el estrés por lo general va a disminuir. Te volverás mejor padre de tu hijo. No sientas que tienes que ser perfecto ni saber qué hacer todo el tiempo. Sé tan paciente contigo y con tu cónyuge como eres con tu hijo.

Trabajar juntos

Cuando Dushka quedó embarazada después de cinco años de matrimonio, supimos que íbamos a experimentar algunos cambios importantes, pero no habíamos considerado el impacto de tener un hijo sin extremidades. Si cualquiera de los dos hubiera permanecido mucho tiempo en la ola inicial de autocompasión y victimización, nuestra relación se habría desintegrado. Eso no sucedió, en parte porque ambos proveníamos de familias de inmigrantes. Nuestros padres y abuelos habían luchado mucho y habían pasado por muchas dificultades. No tenían tolerancia para la debilidad. Nos dejaron claro desde el principio que estaban en "El equipo de Nick" y así comenzó.

Nos fortalecieron. Dushka y yo nos unimos y trabajamos como socios con metas compartidas. Nos apoyamos el uno al otro en el cuidado de nuestro hijo y en todo lo relacionado con atender a los especialistas médicos, los gastos, las terapias, los seguros y la escuela. Ajustamos nuestras carreras y nuestros horarios de trabajo de tal manera que siempre uno de nosotros estuviera con Nick en sus primeros años.

Tener antecedentes económicos similares fue un beneficio. Ambos proveníamos de familias de bajos ingresos y estábamos acostumbrados a una vida sin lujos. Dushka no quería una mansión. Yo no tenía problema con conducir un auto familiar. Siempre habíamos vivido con recursos limitados y, cuando Nick llegó, esos límites se hicieron más reducidos. Teníamos muchos gastos. Las necesidades de Nick se volvieron nuestra prioridad.

No pensar en uno mismo a veces puede parecer un concepto perdido en un mundo inundado de *selfies*, pero poner a tu hijo y a tu cónyuge por encima de ti es la mejor manera de mantener a tu familia unida y fuerte. Se dice que los cristianos son la luz del mundo y que siguen a Jesús, quien estuvo dispuesto a dar Su vida por nuestros pecados, como guía moral. Él nos pidió que amáramos a los demás como nos amamos a nosotros mismos. Si toda la humanidad abrazara este principio, el mundo sería un lugar mucho mejor y más seguro. Pero al menos podemos aplicar este principio con nuestros hijos y nuestro cónyuge.

Dushka y yo tal vez nunca logramos del todo no pensar en nosotros mismos cuando formamos "El equipo de Nick", pero luchar por servir al otro en primer lugar nos ayudó a mantenernos fuertes en nuestros esfuerzos por dar a nuestros hijos todo lo necesario.

Nuestro equipo familiar se extendió para incluir a Aarón y a Michelle cuando nacieron y Nick se sumó en el apoyo y la ayuda mutuos. No éramos la familia ideal de ninguna manera. Éramos y seguimos siendo imperfectos. No obstante, somos una familia unida, que se apoya entre sí y que está lista para ayudarse cuando se necesita, justo como mis padres y abuelos nos ayudaron con Nick. Esta tradición familiar de servir a los demás perdurará con nuestros tres hijos, los cuales tienen corazones generosos y mi esposa y yo estamos agradecidos de verlos compartir sus dones y hacer una diferencia.

2. PATERNIDAD SIN FRONTERAS

Para reducir conflictos cuando lidiábamos con el estrés de criar a un hijo discapacitado, Dushka y yo tuvimos que dejar de lado cualquier concepto tradicional que teníamos sobre el papel del padre y el de la madre en la paternidad. En otras palabras, tuvimos que convertirnos en padres sin fronteras.

Esto no nos resultó tan difícil porque los dos trabajábamos fuera de casa, así que estábamos acostumbrados a compartir la carga de las tareas domésticas, las compras y las comidas. Cuando Nick llegó, creamos una nueva rutina de responsabilidades compartidas, aunque Dushka definitivamente era la autoridad en materia de salud y atención infantil. Yo nunca sabía por qué lloraba Nick. Ella siempre sabía.

Aprendimos rápido que cuidar a Nick requería que los dos le entráramos e hiciéramos todo lo necesario para mantenerlo saludable y en el mejor entorno posible. Yo no podía ser el padre tradicional de la vieja escuela, como mi padre y mi suegro, que trabajaban de nueve a cinco y esperaban que sus esposas les sirvieran las comidas, les lavaran la ropa y mantuvieran la casa limpia sin su ayuda. Dushka no podía conservar su trabajo de tiempo completo como enfermera y partera mientras una nana, una guardería o algún miembro de la familia cuidaba al bebé Nick.

Los dos teníamos que evaluar esas expectativas y ajustar nuestra paternidad a Nick por turnos, ser flexibles en nuestros papeles y apoyarnos el uno al otro. La necesidad de esto se volvió más obvia cuando Nick llegó a casa del hospital con cólico. Más adelante, mucho después de que Nick tuvo cólicos, Dushka trabajaba medio tiempo en el turno de la noche en un hospital, así que otra vez tuvimos que ser flexibles con nuestros papeles como padres. Esto no fue fácil, pero no había otra forma de hacer que funcionara. Necesitábamos el ingreso de Dushka para ayudar con la hipoteca, así como con los gastos generales y los de salud y nuestro hijo necesitaba alguien que estuviera a su lado todo el tiempo. Así que nos apoyamos el uno al otro e hicimos lo que teníamos que hacer.

Cuando nuestros tres hijos dejaron de usar pañales, Dushka volvió a trabajar tiempo completo rotando turnos. Era pesado para ella y no era lo ideal para los niños, aunque teníamos el apoyo de nuestros padres. Sin embargo, nos dimos cuenta de que no tenía sentido, ni siquiera económicamente, que Dushka estuviera trabajando tanto fuera de casa. Cuando vimos nuestros impuestos, decidimos que, si sólo trabajaba cuatro días a la semana, no afectaría tanto nuestros ingresos netos porque el ingreso que perderíamos nos pondría en una sección más baja como contribuyentes.

Así que cambió sus horarios para trabajar cuatro días, lo cual redujo su nivel de estrés y le dio más tiempo con los niños. A Dushka le encantaba trabajar como enfermera y habría podido continuar con una carrera de tiempo completo si les hubiéramos pedido más ayuda a nuestros padres o si hubiéramos contratado a una niñera. En cambio, hizo que los niños fueran su prioridad. Redujimos nuestros gastos y modificamos nuestro estilo de vida para que Nick, al igual que Aarón y Michelle, la tuvieran cerca más tiempo.

Del mismo modo, cuando Nick nació, yo dejé de buscar un título en contabilidad para poder ayudar en sus primeros años. Más adelante, volví a la escuela mientras seguía trabajando de tiempo completo, así que pude conseguir un título y un mejor trabajo. Los dos hicimos ajustes. Tuvimos que ser flexibles. Si cualquiera de los dos se hubiera negado a hacer esos ajustes, estoy seguro de que habría habido conflicto y drama en nuestra relación.

Aprovechar tus fortalezas

La paternidad sin fronteras también significa aprovechar al máximo las fortalezas de cada uno de los padres sin importar los papeles tradicionales del marido y la mujer. Por ejemplo, si la esposa es contadora certificada y el esposo tiene que viajar todo el tiempo, tiene más sentido que sea ella quien administre las finanzas de la familia. En nuestro caso, Dushka tenía mucha experiencia y entrenamiento médicos, así que ella se volvió su defensora principal en esa área. La dejé manejar esas cosas y le di mi apoyo cuando me necesitaba. Por supuesto, las decisiones importantes eran compartidas, pero con frecuencia yo me decantaba por su experiencia.

Habría sido tonto para mí y potencialmente dañino para Nick, si hubiera insistido en que yo era "el hombre de la casa" y hubiera tratado de ser la autoridad en los asuntos médicos por encima de Dushka. Encontramos un equilibrio en nuestros papeles como padres que no estaba basado en el ego ni el género sino en la necesidad y en nuestras fortalezas individuales.

3. Desahogarse

Como en cualquier relación que está bajo estrés, la comunicación es esencial para los padres de niños con necesidades especiales. Si algo te está molestando, expresarlo en la forma adecuada te ayudará a garantizar que el problema no genere una crisis. Existe la tentación de culpar a tu cónyuge cuando algo sale mal, pero por lo general eso sólo lleva a más conflicto. No hace ningún bien culpar al otro. Es mucho más importante —y sanador— hablar al respecto, llegar a un acuerdo con relación a la solución y luego trabajar juntos para implementarla.

Dushka y yo descubrimos que, cuanto más tiempo pasa de que estamos juntos, más podemos comunicarnos y resolver problemas sin necesidad de discutir. Después de casi cuarenta años de matrimonio nos conocemos muy bien. En nuestros primeros tiempos juntos, aprendimos a hablar sobre los problemas porque había que tomar muchas decisiones importantes con respecto a la atención médica de Nick, su educación, nuestros horarios en casa y en el trabajo y nuestras cuentas y presupuestos. También nos mudamos bastante y eso es algo estresante que requiere de mucha planeación, ajustes y coordinación.

El debate de la sanación por medio de la fe
Tal vez nuestro mayor conflicto en esos primeros años de Nick fue un tema relacionado con nuestra fe, algo poco habitual dado que los dos habíamos crecido en la misma iglesia y éramos igual de firmes al compromiso que teníamos con nuestras creencias cristianas. No diría que este tema puso en riesgo nuestro matrimonio, pero sí tuvimos discusiones intensas al respecto porque los dos teníamos sentimientos muy fuertes. Éste también suele ser un punto de debate en otras familias con niños discapacitados.

Desde que Nick nació, todos oramos y ayunamos, pidiéndole a Dios un milagro que le diera brazos y piernas. Cuando esas oraciones no tuvieron respuesta, nos preguntamos si era por falta de fe o porque Dios tenía otro plan que aún no revelaba.

Creíamos en el poder curativo de Dios y eso nos llevó a discusiones sobre si debíamos buscar iglesias y ministros considerados conductos de ese poder. Nuestra iglesia no ofrecía eso. Mi postura era que, si Dios quería darle extremidades a nuestro hijo, lo haría sin importar el lugar ni la filiación a una iglesia en particular y sin tener un intermediario terrenal. Dushka pensaba que no estaba de más buscar un sanador donde pudiéramos encontrarlo. Varias veces afirmó que yo no estaba teniendo la mente los suficientemente abierta y que podíamos estarnos perdiendo oportunidades que podrían beneficiar mucho a Nick.

La sanación por medio de la fe, también conocida como sanación divina, sanación milagrosa y sanación sobrenatural, por mucho tiempo ha sido controversial entre los cristianos y otras religiones. Ha dividido iglesias y ha hecho que los creyentes se conviertan de una denominación a otra. Algunos creen en la sanación por medio de la fe, otros sostienen que sólo Dios puede hacer milagros y otros más creen que los milagros en la Tierra terminaron con el paso de los apóstoles originales.

La Biblia tiene narraciones de los milagros que Jesús llevó a cabo, así como Elías, el apóstol Pablo y muchos más. La Biblia dice que a veces Jesús se negaba a hacer una sanación milagrosa porque sentía que los individuos no tenían fe en Él y no quería imponerse.

En los tiempos modernos, algunas creencias no incluyen la sanación por medio de la fe, pero creen en el poder de la oración como fuente de sanación. Otros creen que Dios sanará a la gente a través de ministros que realizan ceremonias en las que imponen las manos a los enfermos o discapacitados. Dushka y yo tuvimos muchas discusiones sobre este tema cuando Nick era niño.

Entiendo que estaba actuando guiada por su amor de madre hacia su hijo. Yo también amaba a Nick, pero no me sentía cómodo saltando de una iglesia a otra en busca de un milagro. Mi esposa y otros miembros de la familia que la apoyaban en esto querían hacer el intento por el bien de Nick. "¿Cómo sabes que no va a funcionar si no lo has probado?", decía Dushka.

Repito, creía que si el plan de Dios era hacer un milagro para sanar a Nick, lo haría en cualquier lugar. Cuando Jesús habló con la samaritana en el pozo, ella le preguntó si era mejor orar en Jerusalén o en la montaña. Jesús dijo que había llegado el momento de que los verdaderos creyentes oraran y adoraran a Dios en todo lugar. También dijo que, cuando oramos, no debemos hacer un espectáculo ni atraer la atención de la gente sino más bien orar en privado a puerta cerrada. Jesús añadió que el Padre, que ve lo que se hace en secreto, nos recompensará.

Creo que Dios puede responder nuestras plegarias dondequiera que estemos. Él no tiene limitantes de tiempo y espacio y no necesita un intermediario. No ayudaba a mi argumento que con frecuencia alguien nos decía que conocía otras iglesias o misiones en donde se estaban haciendo sanaciones milagrosas.

En esa época, hubo algunos ministerios de sanación por medio de la fe en televisión, que llamaron la atención de Dushka. Yo respondí que el poder de Dios no era un espectáculo mediático. Él no quiere que andemos por ahí convirtiendo su sanación y su perdón en espectáculo.

De adulto, Nick ha viajado por todo el mundo. Muchas personas que quisieran verlo con brazos y piernas han orado por él, no obstante, sigue sin tener extremidades. A pesar de eso, ha encontrado su misión en la vida.

La sanación espiritual es primero

En pocos años, llegué a creer con todas mis fuerzas que necesitábamos hacer las paces con la realidad de las discapacidades de Nick y seguir adelante. Si Dios decidía sanarlo, lo haría en su momento, no en el nuestro. También vi que había mucha necesidad en el mundo y muchos más que no tenían extremidades o que las habían perdido. ¿Cómo podía Dios elegir sanar sólo a Nick cuando tantos otros tenían problemas físicos iguales al suyo o mucho peores?

Solemos olvidar que Dios está más preocupado por nuestro bienestar espiritual que por nuestra salud física. Esto se ilustra en las Sagradas Escrituras, cuando Jesús estaba visitando una casa y una multitud lo rodeó. Algunos amigos le llevaron un hombre paralítico en una camilla para que lo sanara y la única manera en que pudieron acercarlo a Jesús fue bajándolo a través de una abertura del techo.

Lo primero que Jesús le dijo a ese hombre fue que sus pecados le quedaban perdonados. En la mente de Jesús, ése era el mayor regalo que podía darle porque significaba que ese hombre tenía la oportunidad de pasar la eternidad en el cielo.

Cuando algunos de los presentes lo cuestionaron, Jesús dijo: "¿Qué es más fácil: decirle a este paralítico 'tus pecados quedan perdonados' o decirle 'levántate, coge la camilla y echa a andar'? Pero quiero que vean que el Hijo del hombre tiene potestad en la Tierra para perdonar pecados." Sólo entonces Jesús le dijo al hombre: "Levántate, coge la camilla y vete a casa." El hombre hizo lo que Jesús le dijo y salió caminando mientras todos observaban.

Por eso creo que Dios considera la sanación espiritual como algo más importante que la sanación física y pensaba que debíamos darle tiempo de revelar los planes que tenía para Nick sin recurrir a sanadores por medio de la fe.

En esos primeros tiempos de la vida de Nick, a veces se me acercaban extraños y decían: "Un día Dios lo hará estar completo." Ese tipo de cosas no me resultaban fáciles. Soy escéptico con relación a la sanación por medio de la fe, pero creo firmemente en el poder de Dios. Creo que si Dios quiere que Nick tenga brazos y piernas se los dará algún día.

Este debate siguió durante los primeros años de la vida de Nick. Yo respetaba la postura de Dushka como una madre que desesperadamente quería que su hijo tuviera una vida más fácil. Sólo pensaba que Dios revelaría Su plan para Nick a su propio ritmo y yo no quería que Nick ni que nosotros pasáramos por la decepción de ir a muchos lugares de supuesta sanación y someter a Nick a gente que tenía sus propias razones y motivos para promoverse como sanadores.

Su milagro no ha llegado todavía, pero, como dice Nick a menudo, Dios le ha permitido ser un milagro para millones de personas a través de sus mensajes motivacionales de fe y esperanza. Creo que es el propósito de cada uno de nosotros, ser la inspiración y la luz en nuestro propio rincón del mundo, sin importar qué circunstancias enfrentemos.

La Biblia dice que aceptar lo que mande Dios con alegría es una gran ganancia y que debemos agradecerlo todo porque es la voluntad de Dios en Jesucristo. Ése es nuestro papel y nuestro desafío.

Nuestras opiniones contrarias sobre la sanación por medio de la fe llevaron a algunos momentos estresantes. Nuestras discusiones a veces fueron intensas y muy emotivas. Tener un hijo con discapacidades generará presiones como esas en un matrimonio. Tienes que trabajarlas sin atacar o lastimar a tu cónyuge. Resulta útil mantener en mente las metas y creencias compartidas en todo momento durante esas disputas. Al final, sabíamos que los dos buscábamos lo mejor para nuestro hijo.

4. Mantener vivo el amor

Cuidar un hijo con necesidades especiales con frecuencia requiere estar al pendiente las 24 horas, los 7 días de la semana, lo cual agota los recursos de una familia y la relación de una pareja. Dushka y yo teníamos que buscar tiempo juntos como pareja cuando podíamos. No era fácil y no siempre éramos buenos para reavivar el fuego con la frecuencia necesaria. Nos dimos cuenta de que para darle a Nick cimientos adecuados, teníamos que tener bases sólidas el uno con el otro. Los maridos y las esposas pueden estar tan inmersos en la crianza de los hijos y en proveer para la familia que descuidan las necesidades mutuas.

Es fundamental cuidar su relación recordando y refrescando el amor y el afecto que los unió en primer lugar. Su amor mutuo los fortalecerá para amar y cuidar a sus hijos. Muchas noches nos acostábamos agotados de cuidar a Nick cuando era bebé. Lo mejor que podíamos hacer esas noches era terminar abrazados, aunque fuera sólo para estar en brazos del otro hasta quedarnos dormidos.

Hacer tiempo para estar presentes y atentos el uno al otro durante el día a menudo era difícil, por no decir imposible, así que nuestra manera de relacionarnos en la noche era importante para mantener fuertes los lazos de nuestra relación. A veces las parejas que tienen niños con necesidades especiales se enfocan tanto en ellos que se sienten culpables si toman tiempo para estar juntos. Dushka y yo nos dimos cuenta de que Nick necesitaba más que sus padres estuvieran juntos de lo que necesitaba que anduvieran tras él todo el día.

Hicimos nuestro mayor esfuerzo por pasar tiempo juntos todos los días y de vez en cuando le pedíamos a algún familiar o amigo que cuidara a los niños para que pudiéramos salir como pareja. Los expertos en relaciones dicen que sólo veinte minutos al día pueden ayudar a fortalecer los cimientos de un matrimonio que está sometido al estrés. Con el tiempo, es probable que disminuya la intensa pasión de los primeros tiempos de una pareja, pero pasar aunque sea unos minutos juntos hablando sobre la atracción inicial puede volver a encender las flamas.

Tómate una pausa de hablar sobre las cuentas que hay pegar y los temas médicos que es necesario atender durante veinte minutos más o menos al día. Tómense de la mano, acurrúquense, salgan a caminar, tengan una cena romántica. Consideren su compromiso y su afecto como un regalo para sus hijos. En nuestro caso, este compromiso no sólo es el uno con el otro sino también con Dios. La Biblia dice que el matrimonio es de por vida y nosotros nos lo tomamos muy en serio. Somos responsables el uno del otro ante Dios, así que hicimos un esfuerzo por mantener vivo el amor y sólidos nuestros vínculos.

5. Usar el salvavidas

A los ministros y predicadores les gusta contar una historia muy famosa de un cristiano descarriado que no escuchó las advertencias de una inundación inminente porque estaba seguro de que Dios enviaría un milagro si las aguas amenazaban su vida. Ese mismo creyente termina en el techo de su casa, rodeado por el agua, cuyo nivel se eleva cada vez más, no obstante, sigue rechazando los ofrecimientos de escapar que le hacen rescatistas desde una canoa, un bote salvavidas y un helicóptero. Al final, el agua se lo traga y se ahoga y se encuentra por fin frente a Dios.

—¿Por qué no me enviaste un milagro? —dice el creyente.

Dios le responde:

—Hijo mío, te envié una advertencia. Te envié una canoa. Te envié un bote salvavidas. Te envié un helicóptero. ¿Qué más estabas esperando?

Yo creo que ese hombre esperaba que el arcángel Gabriel le llevara un arca. La lección es que no pierdas el bote esperando un milagro. Acepta la ayuda de donde venga. Esta lección se aplica a todas las personas en crisis o que están viviendo un estrés intenso y en particular a los padres de niños discapacitados o con necesidades especiales.

Dushka y yo entendemos la mentalidad que hace que las parejas quieran simplemente irse a casa, cerrar la puerta, apagar las luces y llorar. Hicimos eso durante un tiempo luego de que Nick nació. Nos aislamos a pesar de las numerosas manos que querían ayudarnos. Necesitábamos tiempo para entender ese acontecimiento que nos había cambiado la vida.

Luego, más o menos un mes después, salimos de nuestro exilio autoimpuesto y logramos darle la bienvenida a todos los barcos salvavidas que se nos presentaron. Nos alegraron especialmente los barcos salvavidas de familiares, amigos y muchas personas que se acercaron para ofrecernos ayuda. El internet pone el mundo a tu puerta y, aunque es aconsejable ser prudente sobre las fuentes en las que confías, hay mucha información valiosa disponible.

Tal vez quieras comenzar con los médicos y enfermeras de tu hijo, así como con sus maestros y asesores escolares. Pueden ayudarte a acercarte a agencias y organizaciones locales y regionales que tienen experiencia. Esto mismo es cierto cuando buscas fortalecer tu matrimonio o relación. No temas pedir ayuda. No es un signo de debilidad. Se requiere sabiduría y fortaleza para reconocer cuando estás abrumado o careces de respuestas.

Dushka y yo aceptamos los consejos de nuestro pastor, de miembros de la iglesia y de familiares. Del lado financiero, recibimos un apoyo maravilloso de muchas personas que recaudaron fondos o contribuyeron con dinero para Nick y el Lions Club fue increíblemente útil en proporcionar sillas de ruedas y prótesis. Otra gran fuente de apoyo fue Blue Nurses, un servicio que proporciona la organización Blue Care en Australia, el cual le daba a Nick ayudantes voluntarios cuando estaba en la universidad. Desde entonces, ha recaudado fondos para su organización a manera de agradecimiento.

Nuestros familiares también nos ayudaron cuidando a los niños o recogiéndolos de la escuela para que pudiéramos tomarnos unas vacaciones o robar un poco de tiempo para estar juntos. Éramos una pareja trabajadora promedio de clase media sin muchos recursos económicos, así que nos apoyábamos mucho en familiares, amigos y demás.

En ese entonces no conocíamos el término "ayuda temporal", pero sí conocíamos el concepto. Es un servicio que proporciona ayuda temporal a familias con niños o adultos que tienen necesidades especiales. Puede ir de un par de horas por la noche o periodos más amplios. Puedes obtener ayuda temporal de familiares, amigos o cuidadores profesionales de modo que tu cónyuge y tú puedan tomarse un respiro, ya sea para ir al cine, tomar una clase, salir a cenar o ir de vacaciones.

Dushka y yo tomamos la decisión de no usar cuidadores de tiempo completo en casa porque queríamos tener una vida familiar lo más normal posible y queríamos que Nick hiciera lo más que pudiera por sí mismo. Todos nos involucrábamos en ayudar cuando nos necesitaba. Descubrimos que trabajar juntos nos hacía estar más cerca como familia e incluso hoy que toda la familia se ha reubicado en California seguimos pensando lo mismo.

6. Aligerar la carga

La Biblia nos enseña a dar gracias en todas las circunstancias. Dar gracias en las buenas y por los dones recibidos no es difícil. Lo hacemos con alegría y entusiasmo, y así debería ser. Los hijos se encuentran entre los mayores dones y eso incluye a los que son perfectamente imperfectos. Los padres de esos niños especiales con frecuencia me dicen que han aprendido mucho de ellos sobre valor, perseverancia y amor. Una relación que ha sido sometida al estrés y se ha visto en peligro se puede beneficiar mucho si recordamos que nuestro cónyuge y nuestros hijos son bendiciones en nuestra vida.

La Biblia nos dice que a Jesús le sorprendió la falta de gratitud cuando sólo uno de diez leprosos que había curado regresó a darle las gracias. El Hijo de Dios sabía que la gratitud en sí misma puede ser una fuerza sanadora. Maridos y mujeres a menudo olvidan mostrarse gratitud. Se ven atrapados en el torbellino cotidiano y en las muchas responsabilidades de criar a una familia y olvidan agradecer a la persona que siempre está ahí para apoyarlos, que trabaja a su lado, los consuela y los ayuda.

Yo siempre estoy trabajando a ese respecto. He tratado de sorprender a Dushka con regalos, pero no soy el mejor para elegirlos. Por lo general pido el consejo de vendedores y a otras mujeres. ¡Y a veces logro encontrar algo que le guste! (Aunque nunca se queja cuando no tengo ningún éxito). También intento mostrar mi gratitud hacia ella con cenas sorpresa. A veces, cocino y ella parece disfrutarlo, lo cual me llena de agradecimiento.

Dushka una vez me sorprendió planeando unas vacaciones especiales. Pasó semanas organizándolas, hasta logró, en secreto, que mi jefe me diera el tiempo libre y organizó que mi hermana tomara un avión para cuidar a los niños. Yo seguía sin saber del plan cuando fuimos al aeropuerto a recoger a mi hermana y a su hijo, que yo pensé que nos habían ido a visitar por unos días. Mi hermana tenía miedo de que me sintiera tan abrumado cuando me dijeran del viaje que me diera un ataque cardiaco, así que de regreso a casa no dejaba de preguntarme si me sentía bien.

Comenzamos a preparar la comida para nuestras visitas cuando los niños vieron que una limosina blanca venía por la calle. Todos la vimos acercarse, pensando que el conductor estaba perdido o que buscaba a algún vecino. Cuando el coche se estacionó frente a la casa, estaba seguro de que el chofer había cometido un error. Abrí la puerta y dijo: "¡Estoy buscando a Boris!"

Antes de que pudiera decir que había un error, Dushka se apresuró y reveló la sorpresa. "¡Nos vamos a Vanuatu!" Ése era mi destino soñado, un país del Pacífico constituido por ochenta y tres bellas islas con bosques tropicales, cascadas, montañas y hermosas playas. Tenía amigos que habían ido y que me lo habían descrito y siempre había querido llevar a Dushka para verlo nosotros mismos.

Dushka, que lleva las cuentas de la familia, ya había pagado el hotel y por supuesto los boletos de avión. Simplemente me entregó mi pasaporte y mi maleta ya lista. Luego reveló que mi hermana Radmila había ido a cuidar a los niños. Lo único que pude hacer fue sonreír de placer y agradecerle profundamente... por el resto de nuestra vida. De hecho, unos años después yo también planee un viaje sorpresa similar a una isla así que también le expresé mi agradecimiento de esa forma.

También son bienvenidas las expresiones de gratitud y amor más pequeñas. La idea es lo que cuenta y vivir con una actitud de gratitud hacia el otro puede ayudar a superar muchos obstáculos.

El humor es otra fuerza curativa para las parejas de casados. Nuestros hijos a veces me molestan diciendo que soy muy serio y creo que a menudo ésa es la percepción de un padre que tiene muchas responsabilidades, pero me he relajado más a lo largo de los años ahora que han crecido.

El humor y la risa son importantes en cualquier relación. Dushka y yo fuimos capaces de mantener nuestro sentido del humor y descubrimos que la risa es una forma maravillosa de liberar estrés y tensiones. La Biblia nos dice que debemos hacer un sonido alegre y dar gracias en todas las circunstancias y creo que es un excelente consejo matrimonial.

A veces no sabíamos si reír o llorar cuando surgían dificultades, pero la risa por lo general era una respuesta más útil. También fue útil que Nick tiene un excelente sentido del humor; su capacidad de reírse de la vida atrae a la gente hacia él y ayuda a romper barreras y concepciones equivocadas. Es un regalo maravilloso.

La gratitud es otro elemento maravilloso para liberar el estrés que puede usarse para cambiar la perspectiva de casi cualquier situación; hace que sea posible ver las cosas bajo una nueva luz y mejora tu disposición. Los terapeutas dicen que los padres de niños discapacitados y con necesidades especiales se benefician de concentrarse en las fortalezas de sus hijos y de ser agradecidos por lo que pueden lograr en vez de preocuparse por sus discapacidades.

Con frecuencia Nick cuenta la historia de un amigo de la familia que tiene síndrome de Down que le dijo que era excelente tener su discapacidad "porque significa que amas a todo el mundo". Ésa sí que es una actitud de gratitud. Un enfoque tan positivo puede ser un excelente bálsamo para las parejas que enfrentan dificultades como padres. Dushka y yo desarrollamos el hábito de ver las ventajas y enfocarnos en lo bueno como una forma de mantenernos positivos en nuestra relación. Por ejemplo, es cierto que hubo gastos adicionales relacionados con criar a un hijo sin brazos ni piernas, pero aligeramos el golpe tomando en cuenta que nunca tuvimos que comprarle a Nick un auto, ni zapatos ni guantes mientras estaba creciendo.

Nick suele tomar prestadas esas palabras en sus libros y discursos y le encanta bromear colocándose en la banda de las maletas en el aeropuerto y hablando con la gente que espera su equipaje. También hace bromas mientras expresa su gratitud por la utilidad de su "pequeña pata de pollo", que es el apodo que Michelle le puso a su pie cuando era niña.

El Libro de los Proverbios dice: "Un corazón alegre es una buena medicina, pero un espíritu triste seca los huesos." El poder de sanación de la risa y la gratitud ha sido bien documentado en estudios científicos; tanto la risa como la gratitud tienen la capacidad de detonar químicos cerebrales que ayudan a reducir el estrés. Animo a todas las parejas a mantener el sentido del humor incluso en los tiempos difíciles y a dar gracias siempre por las bendiciones que nos da la vida.

Ideas para llevar

- Una de las cosas más dañinas que pueden hacer los padres de un niño discapacitado es descuidar su matrimonio. Tu hijo necesita cimientos familiares sólidos de apoyo y amor y se necesitan el uno al otro como fuentes de fortaleza.
- Te he aconsejado que conformes un equipo para el cuidado médico de tu hijo y para sus años de escuela, pero

no hay equipo más importante que el equipo de padres cuyos miembros comparten responsabilidades y se ofrecen ánimo y apoyo el uno al otro.

- Por tradicionales que seamos Dushka y yo en nuestra idea del matrimonio y la paternidad, desde el principio nos dimos cuenta de que teníamos que ser flexibles y adaptables en cuanto a nuestros papeles, ya fuera para cocinar y limpiar o para que mi esposa fungiera como la autoridad en materia de disciplina o como responsable de la contabilidad del hogar.
- Las frustraciones y las tensiones fácilmente pueden aumentar en un hogar donde hay un niño con necesidades especiales, así que la comunicación abierta y los sentimientos expresados son muy importantes.
- Nos resultó útil de vez en cuando salir juntos y recordar por qué nos casamos en primer lugar.
- No hay por qué avergonzarse por aprovechar al máximo los recursos disponibles, incluyendo a familiares, amigos, ministros, terapeutas, psicólogos, grupos de apoyo y agencias gubernamentales. Si necesitas apoyo para mantener fuerte tu matrimonio ¡pídelo!
- Reírse de ustedes y de la locura de la vida es una forma excelente de aligerar la carga. Recomendamos momentos familiares divertidos, amigos divertidos y películas divertidas en dosis altas.

10. UNA CUESTIÓN DE FE
Construye cimientos espirituales

*D*ushka y yo hicimos todo lo posible por preparar a Nick para tener una vida independiente. Queríamos que fuera exitoso, feliz y pleno. Había una preocupación sobre su futuro. Nick quería casarse y formar una familia, pero no estábamos seguros de que podría cumplir su sueño.

Luego, justo cuando Nick estaba por cumplir veintiocho años, nos llamó por Skype desde su casa en California. Parecía emocionado y de muy buen humor.

—Tengo algo que contarles —dijo.

Su sonrisa nerviosa me dio la pista y le dije:

—¡Conociste una chica!

Nick abrió los ojos de par en par y abrió la boca.

—¿Cómo supiste?

Pensó que le había leído la mente o lo había estado espiando desde el otro lado del mundo. Le dije que era intuición paterna.

Nos contó que había conocido a esa chica cristiana a través de un amigo mutuo de Dallas. Luego, Nick nos mostró una foto de una joven con una belleza tan exótica que no pude evitar preguntar cuál era su nacionalidad.

Nick me explicó que su madre es de ascendencia mexicana y su padre es japonés.

—Se llama Kanae Miyahara y, aunque sus rasgos son asiáticos, creció en México y habla español —explicó Nick.

Sus padres se conocieron cuando trabajaban en México para una empresa de horticultura de un japonés. Kanae y sus hermanos crecieron en el centro de México, luego ella se mudó a Dallas cuando era adolescente. Era estudiante de enfermería y una cristiana comprometida.

Nick nos dijo todo esto y luego esperó mi respuesta habitual cuando me contaba de una nueva chica en su vida. En el pasado, yo no lo había apoyado mucho ni me había mostrado muy entusiasta con relación a este tema. Esto se debía sobre todo a que mi instinto era siempre proteger a Nick de que le rompieran el corazón. En secreto, siempre había tenido dudas sobre la posibilidad de que se casara. Sabía que se necesitaría una mujer muy especial para casarse con un hombre sin brazos ni piernas.

—Bueno, papá, sé que debes tener algo negativo que decir —dijo Nick, provocándome.

Esta vez lo sorprendí diciendo:

—Es hermosa y no tengo nada negativo que decir de ella.

Nick lo tomó como una buena señal.

Más tarde le dije a Dushka que mi única preocupación era que esa joven parecía casi demasiado cierta para ser verdad. Con el tiempo, logramos darnos cuenta de que, aunque Kanae tenía una historia familiar muy distinta de la nuestra, teníamos dos cosas muy importantes en común: Amaba a Nick de manera incondicional y creía que su fe podía ayudarles a superar cualquier obstáculo.

El círculo completo

Más adelante nos enteramos de que Kanae no había crecido en un hogar cristiano. Después de una infancia difícil, se hizo cristiana a los quince años. Aunque Dushka y yo proveníamos de familias cristianas y habíamos sido cristianos toda la vida, nos inspiró la profundidad de la fe de Kanae. Su amor por Nick era igual de inspirador y verlos juntos como pareja, luego como marido y mujer, y ahora como madre y padre nos ha llevado a tener un círculo completo en nuestro propio viaje de fe con Nick.

Conozco a muchos padres con hijos discapacitados y casi todos parecen haber tenido una crisis de fe al inicio. Lo más común es preguntarse: "¿Cómo es posible que un Dios amoroso le dé una carga tan cruel a uno de sus hijos?"

Puede ayudarte a tranquilizar tu mente que hacerte preguntas sobre Dios y sobre Sus intenciones es una parte natural de ser cristiano y de vivir en un mundo que incluye dolor y pecado igual que gracia y alegría. Los padres de niños discapacitados que cuestionan a Dios en sus oraciones pueden sentirse culpables de hacerlo, pero recuerda que Jesús hizo lo mismo en Su momento más difícil cuando miró al cielo y dijo: "Dios mío, Dios mío, ¿por qué me has abandonado?"

Preguntarse por qué existe el sufrimiento es una respuesta muy natural y parte del camino de fe de quienes tienen hijos con necesidades especiales. Podemos preguntarnos y jamás entender lo que Dios está tratando de enseñarnos o cómo el dolor de un hijo puede mostrar Su gracia y Su gloria. En la Carta a los romanos 8:38-39 dice que nada puede separarnos del amor de Dios.

Cuando nuestras vidas imperfectas nos ocasionan dolor más allá de lo que podemos comprender, lo único que podemos hacer es permanecer fieles y someternos a Su amor y Su misericordia. La pregunta de por qué a la gente buena le suceden cosas malas es siempre difícil, si no es que imposible, de responder. Las personas de fe con frecuencia tienen que abandonar cualquier esperanza de entenderlo y simplemente confiar en sus creencias espirituales. No hay respuesta fácil para alguien que tenga un hijo que sufre.

Algunos padres que han criado hijos con necesidades especiales dicen que hay recompensas que se derivan de la experiencia, pero muchos también preguntan si esas recompensas valen el alto precio que paga el hijo que debe luchar a lo largo de toda su vida. Por lo general los cristianos tienen la idea de que nuestras recompensas nos esperan en el cielo. Dios no nos promete una vida fácil en la Tierra. Su propio hijo pagó el precio más alto cuando murió por nuestros pecados en la cruz.

Yo provengo de la perspectiva de los creyentes, pero aunque las discapacidades de Nick me llevaran a negar a Dios y a dejar la fe fuera de mi vida, Nick seguiría sin tener extremidades. La fe sólo nos ayuda a ver nuestras circunstancias y abordarlas desde la perspectiva cristiana de someternos a Dios. No garantiza soluciones de una vida fácil en la Tierra.

A pesar de muchas horas de ayuno y oración de parte de todos en la familia y en nuestra iglesia e incluso de misionarios de otras partes del mundo, Dios no nos dio el milagro que esperábamos para Nick. En cambio, tuvimos que seguir adelante y vivir con la discapacidad de nuestro hijo. Elegimos creer, como dice la Biblia, que, aun con una cantidad de fe del tamaño de un grano de mostaza, nada es imposible; podemos mover montañas.

Si tenemos fe verdadera, Dios puede hacer cualquier cosa en nuestras vidas. Nick es prueba de ello. Podemos verlo ahora. No obstante, cuando un niño nace con discapacidades o necesidades especiales, aun los padres más espirituales se harán preguntas sobre las intenciones de Dios.

A los cristianos nos enseñan que antes de que Adán y Eva fueran expulsados del Jardín del Edén como resultado de sus pecados, no existían la enfermedad ni las discapacidades. Por esa razón, los cristianos quizá se pregunten (como yo lo hice) si un niño menos que perfecto es creado como una especie de castigo de Dios por los pecados cometidos o por falta de fe. Los padres tal vez sientan también que Dios está siendo injusto con ellos. Un resentimiento así puede generar enojo y dudas con relación a sus creencias.

Dushka y yo pasmos por esos sentimientos y pensamientos negativos. Aprendimos que se necesita mucha fe para superarlos. Se requiere aún más fortaleza espiritual para alcanzar el punto de aceptar que Dios no comete errores. Todos los niños nacen a Su imagen y semejanza y le dan gloria.

Dushka y yo tuvimos todo un viaje antes de alcanzar el punto de aceptar que un niño discapacitado es creado para ser perfectamente imperfecto de acuerdo con los designios de nuestro Padre celestial, para el fin que Él tiene en mente. Como la fábula de la mujer que usaba su regadera rota para regar las flores mientras iba caminando todos los días, nuestras imperfecciones tienen una razón de ser. A menudo no podemos descubrir esa razón sin primero aceptar que existe y luego buscarla y encontrarla.

Conforme a su designio

Yo era un ministro laico cuando Nick nació. Antes de que naciera, a menudo había predicado sobre la bondad de Dios y sobre Su amor infinito hacia nosotros como se dice en la Carta a los romanos 8:28: "Sabemos, además, que Dios dispone todas las cosas para el bien de los que lo aman, de aquellos que él llamó según su designio."

Después de que Nick nació, podía imaginar a los miembros de la congregación pensando: *Si así es como Dios trata a los buenos cristianos, ¿por qué querríamos servir a un Padre tan cruel?*

Los miembros de nuestra iglesia estaban tan afligidos como nosotros. Se sumaron con oración y ayuno para pedirle a Dios un milagro para que Nick tuviera brazos y piernas. Las Sagradas Escrituras dicen que Dios te cuidará y te bendecirá si lo obedeces. Sentíamos que habíamos sido obedientes a Dios. No podíamos comprender cómo un hijo sin brazos ni piernas podía ser un reflejo de Su amor. Lo único que podía pensar era que Dios nos estaba poniendo a prueba del mismo modo en que lo había hecho con otras personas de gran fe, como Job y José en el Antiguo Testamento.

Al final acepté que incluso los acontecimientos más traumáticos de nuestra vida podían conducir a alegría, satisfacción, felicidad y más fe. Nuestras experiencias con Nick son prueba para otros padres con hijos discapacitados de que Dios los ama. No son errores. Tienen una razón de ser.

Cuando nos suceden cosas malas, no es necesariamente un castigo. ¿Cuántas veces te sucedió algo "malo" y resultó ser una bendición disfrazada? Las discapacidades de Nick sin lugar a dudas se percibieron como algo malo, no obstante, nuestro hijo ha sido una increíble bendición. Hemos tenido muchos ejemplos más en nuestra vida. Ésa es la realidad de la vida en la Tierra. Dushka y yo tuvimos que ir más allá de nuestras dudas y temores y vivir en la fe. No siempre fue fácil, pero, repito, tal vez Dios no quería que fuera fácil para nosotros. Tal vez quería ponernos a prueba para que cuando Nick creciera y se convirtiera en un hijo de Dios tan inspirador fuéramos lo más fuertes posible en nuestra fe.

Debido a nuestra lucha inicial y a las preguntas y plegarias sin respuesta, estuvimos ciegos a la misión de Nick hasta que Dios la reveló. Sin nuestra fe, tal vez nunca habríamos sido capaces de guiar a Nick y prepararlo para la vida que tiene hoy. Nuestra fe nos dio la fuerza, motivación y esperanza esenciales para la supervivencia y felicidad de Nick. Seguimos siendo creyentes y sembramos la bondad de nuestro Padre en el corazón de Nick. Hoy en día, su propia fe es la fuerza motora de su misión.

Este mismo poder está disponible para todos los que eligen creer. Jesús dijo: "Sin mí no pueden hacer nada... En este mundo tendrán tribulaciones. ¡Pero tengan valor! Yo he vencido al mundo." El apóstol Pablo obtuvo la misma fortaleza al creer: "Puedo hacer todas las cosas a través de Cristo, quien me fortalece."

En ese espíritu, Dushka y yo usamos nuestra fe como un escudo en contra de la duda y el miedo. Elegimos sacar el mayor provecho de cada día, esperando lo mejor en el porvenir. Mi esposa y yo intentamos no analizar demasiado y más bien tener esperanza en las Sagradas Escrituras y en sus mensajes, como por ejemplo:

- Dios ve y sabe mejor que nadie.
- Él sabe por qué y yo no tengo que entenderlo.
- Él dice que me ama y yo sólo tengo que aceptarlo y creerlo.
- Todas las cosas resultan para bien de quienes aman a Dios.
- Con cada nueva carga, Él nos dará más fuerza y nos permitirá soportarla.

Flaqueamos en nuestra fe cuando Nick nació, pero nuestro hijo al final contribuyó a hacernos cristianos más fuertes a través de su ausencia de amargura, su determinación y su espíritu indomable. Al principio, no compartimos con los demás nuestro regreso a la fe. Con el tiempo empezamos a hacerlo en público, leyendo la biblia y orando con nuestro pastor y nuestros nuevos amigos. Todavía teníamos los mismos sentimientos y estábamos tratando de entender lo que significaba ser los padres cristianos de un hijo que parecía cruelmente cargado por su Creador.

Logramos una aceptación tentativa, pero seguíamos teniendo momentos de duda, miedo y confusión. Algunas preguntas sobre el futuro de Nick nos seguían atormentando. No podíamos responderlas, así que intentábamos alejarlas por medio de la oración. El proceso fue como crear fuerza muscular. Sigues levantando pesas hasta que te haces más fuerte y logras llegar a otro nivel. En este caso, estábamos creando la fuerza de nuestra fe incluso al orar y ayunar pidiendo un milagro.

Tomamos esperanza de ejemplos de las Sagradas Escrituras que hablaban sobre cómo Dios les respondía a sus hijos que buscaban sanación, incluyendo Sara y Ana, que habían sido estériles hasta que Él les dio el milagro de un hijo. Jesús sanó a muchos leprosos, sordos, ciegos y paralíticos. En la Biblia dice que resucitó a Lázaro de entre los muertos. No obstante, también hay ejemplos de personas a quienes les negó milagros porque carecían de fe o porque Dios tenía otro designio para ellos. A veces parece que Él quiere que ellos o las personas cercanas a ellos tengan más fe o más paciencia antes de creer que merecen una sanación.

El rey Salomón escribió que la vida pierde sentido en la ausencia de Dios. Cuando crees que un nuevo comienzo te espera después de la muerte, la lucha en la Tierra tiene más sentido. Así, la fe le otorga significado a lo que está más allá de nuestro entendimiento, como las razones que tiene Dios para permitir que Sus hijos sufran discapacidades.

A pesar de hacer las paces con la idea de ser padres de un hijo sin extremidades, seguíamos dándole vueltas a la pregunta de por qué Dios le pondría una carga así a un niño. Nuestro estudio de la Biblia nos dio un poco de guía. Nos dice que debemos regocijarnos en nuestros sufrimientos, sabiendo que pueden darnos resistencia, la cual produce carácter y esperanza, porque el amor de Dios ha sido derramado en nuestros corazones por el Espíritu Santo (Carta a los romanos 5:3-5).

También nos dice que nos consideremos dichosos cuando tengamos que enfrentar diversas pruebas (Santiago 1:2) y nos tranquiliza diciendo que "Bienaventurado el que soporta la tentación; porque cuando haya resistido la prueba, recibirá la corona de vida, que Dios ha prometido a los que le aman." (Santiago 1:12).

Tuvimos que aferrarnos a la idea de que, aunque Dios es amoroso, amable y justo, la vida en la Tierra puede ser ingrata, cruel e injusta. También tuvimos que aceptar que fuimos creados para dar gloria a Dios y que un niño discapacitado puede hacer eso tan fácilmente como cualquier otro niño. Dios no promete que nuestras vidas estarán libres de dolor; sólo promete que siempre estará con nosotros si tenemos fe. Nos dimos cuenta de que teníamos que confiar en Su sabiduría y en Sus buenos propósitos, en Su palabra en lugar de en nuestros sentimientos y en Su gracia, que basta para cualquier prueba.

Las preguntas para Dios que rondan en las mentes de los padres de niños discapacitados y con necesidades especiales son incesantes. Aún hoy, sigo luchando, aunque veo que mi hijo tiene una vida y una familia maravillosas, así como la misión de infundir esperanza en personas de todo el mundo. Todavía no comprendo del todo los por qués de la discapacidad de Nick.

¿Mi hijo tiene que vivir sin brazos ni piernas para cumplir la misión de Dios?

¿No podía ser un hombre tan inspirador teniendo brazos y piernas?

¿No le sería posible atraer a miles hacia Cristo con un cuerpo normal?

Aunque muchas preguntas siguen estando sobre la mesa, no cabe duda de que nuestra fe de raíces profundas nos ha ayudado a mi esposa y a mí a lidiar mejor con los problemas de nuestro hijo.

Sabemos que Dios es el orfebre y nosotros la arcilla y que la arcilla no se pregunta por qué fue hecha de esa manera. El orfebre decide y la arcilla se amolda a lo que Él quiere o bien se vuelve quebradiza y no sirve de mucho.

Sin embargo, seguimos esperando un milagro y también nuestro hijo. Como mencioné antes, Nick conserva un par de zapatos en su clóset porque está esperando que Dios responda a sus plegarias de tener brazos y piernas. Su fe es así de fuerte. Me sorprende su profundidad aun cuando enfrenta desafíos que harían que la mayoría de las personas se aventaran de un barranco.

El canal TLC (The Learning Channel) hizo un especial sobre Nick titulado "Nacer sin extremidades", que se transmitió por primera vez en 2015. Hay un segmento que lo muestra quitándose la playera. Usa los dientes para jalarla por encima de sus hombros, luego la presiona contra la pared y contorsiona el cuerpo hasta que logra sacar la cabeza y quitársela por completo. El simple hecho de quitarse la camisa le toma diez minutos y mucha más energía y esfuerzo que al resto de nosotros. Ésa es su vida y su carga, aunque la mayor parte del tiempo la lleva con alegría y buen humor.

Sin duda alguna mi hijo me ha superado en cuanto a la profundidad de su fe y yo estoy muy agradecido. Necesita ese poder para alimentar sus ambiciones y poder seguir adelante cada día.

UNA PAREJA HECHA EN EL CIELO

Dushka y yo seguíamos viviendo en Australia cuando Nick comenzó a cortejar a Kanae. No la conocimos en persona sino hasta que ella y Nick habían estado saliendo como por tres meses. Sin embargo, hablamos con ella y con nuestro hijo un par de veces por Skype. Era una chica encantadora y era bastante obvio que estaba muy enamorada de Nick. Lo miraba con mucho amor y se reía de todo lo que él decía. Como su padre, ¡estoy seguro de que Nick no es tan gracioso!

Estoy bromeando, claro, pero cualquier padre estaría de acuerdo en que llegamos a conocer a nuestros hijos por todos sus talentos, así como por todas sus imperfecciones y defectos. Incluso de adultos, seguimos pensando que son nuestros bebés. Los conocemos tan bien que cuando encuentran el amor, no podemos evitar preguntarnos si la otra persona realmente sabe en lo que se está metiendo.

La falta de extremidades de Nick significaba que no sería capaz de hacer algunas cosas que los maridos suelen hacer, como ayudar a alimentar y vestir a los hijos. También necesitaría ayuda de su esposa en las comidas y para bañarse y vestirse.

Tal vez esto suene rudo, pero varias veces me pregunté por qué Kanae, quien sin ningún problema hubiera podido casarse con cualquiera, estaba dispuesta a pasar su vida con un hombre sin brazos ni piernas. No es que pensara que Nick no mereciera amor, pero habíamos tenido algunas experiencias decepcionantes con mujeres con quienes había salido antes, entre ellas una cuyos padres la obligaron a romper con Nick porque no querían que se casara con él.

Después de que Nick había estado saliendo con Kanae por unos meses y su relación parecía ser seria, Dushka y yo viajamos a Estados Unidos para conocerla. Queríamos tener una idea más clara de sus antecedentes familiares, sus intenciones y la profundidad de su fe.

También queríamos asegurarnos de que Kanae supiera en lo que se metía si se casaba con nuestro hijo. No teníamos ninguna duda de que sería un excelente esposo y padre, pero casarse con alguien que no tiene brazos ni piernas trae consigo algunas dificultades. Lo más importante, queríamos hacerle algunas preguntas sobre la profundidad y la fuerza de su fe porque sabíamos que, si se casaba con Nick, sería puesta a prueba, al igual que la nuestra fue puesta a prueba cuando nuestro hijo nació. Mi esposa y yo creíamos que nuestra fe podía soportar cualquier prueba. El nacimiento de Nick y los problemas que enfrentó de niño nos hicieron cuestionar el amor de Dios muchas veces mientras estaba creciendo.

Como padres de Nick, sabíamos exactamente qué podía hacer por sí mismo y para qué necesitaba ayuda. Sabíamos que quien se casara con él tendría que enfrentar muchas dificultades debido a sus intensos horarios de viaje, las exigencias de su tiempo y atención e incluso los cuidados y ayuda diarios que necesitaba. Su esposa tendría que apoyarlo, consolarlo, sostenerlo y darle sabios consejos en momentos de duda, desesperación e incertidumbre.

Teníamos muchas inquietudes que queríamos discutir con Kanae, pero, en el nivel más profundo, era una cuestión de fe. Creíamos que Kanae estaba enamorada de Nick. Queríamos asegurarnos de que tuviera la fuerza espiritual para apoyarlo y ayudarlo a cumplir con su misión.

En el transcurso de los años, Nick había tenido algunas relaciones y lo habían lastimado cuando las chicas se habían hecho a un lado. La mayoría tenían buenas intenciones. Esas mujeres querían y admiraban a nuestro hijo, pero lo veían más como un amigo que como un marido potencial. Nick necesitaba una esposa que lo aceptara y amara de verdad y que no fuera a lastimarlo ni a destruir su vida al abandonarlo después de casarse.

MATRIMONIOS CONSTRUIDOS EN LA FE

Conocíamos a otros discapacitados con cónyuges maravillosos y entregados. Entre ellos, habíamos conocido a la amiga y mentora de Nick, Joni Eareckson Tada, y a su marido, Ken. Joni es cuadrapléjica y fundadora de Joni and Friends, una organización internacional que se dedica a defender a los discapacitados. Ken es un profesor y entrenador de preparatoria jubilado. Se casaron el año en que Nick nació, en 1982, y han permanecido juntos, viajando por el mundo para servir a otros con su trabajo cristiano de caridad.

Ken escribió un libro que explica cómo un hombre con un físico normal se enamoró de una mujer discapacitada. Su historia es muy conmovedora, aunque también son muy ingenuos respecto a los muchos desafíos por los que han tenido que pasar. El amor se puede estirar y estirar hasta que se rompe, en especial con la tensión de un niño o un cónyuge discapacitado. Ken comenta que le resultaba físicamente agotador y mentalmente desafiante ser tanto el marido como el cuidador de Joni. Ha tenido momentos de depresión y tiempos difíciles en los que pensó que su matrimonio no duraría. "Si no fuera por el hecho de que creo en Dios, no estoy seguro de que lo hubiera logrado", dijo en una entrevista.

Su fe compartida y su comunicación honesta han ayudado a Ken y a Joni a cruzar muchas tormentas. Son personas excepcionales. Ken era un cristiano comprometido cuando conoció a Joni y ha reconocido que su fe se ha sido puesta a prueba muchas veces por el estrés de su matrimonio. Me preocupaba que Nick y Kanae enfrentara dificultades similares en su matrimonio, lo cual era otra razón por la que queríamos hablar con ella antes de que su relación avanzara. El matrimonio es una experiencia maravillosa la mayoría de las veces, sin embargo, puede ser aleccionador y difícil a medida que las circunstancias cambian, la pasión disminuye y la dura realidad ocasiona estrés y frustración. El punto medular es que una relación no debe basarse en la mera atracción física o el deseo de casarse. Ambos cónyuges tienen que compartir creencias y valores básicos y necesitan tener un compromiso sólido de conservarlos a través de los problemas, inevitables y a menudo inesperados, que la vida trae consigo.

Queríamos que Nick tuviera una esposa que estuviera igualmente comprometida con su matrimonio. Tenía que estar bien preparada para un marido que, a pesar de su extraordinaria determinación y su actitud positiva, tenía muchos desafíos físicos.

EL INTERROGATORIO

Teníamos todo esto en mente cuando viajamos desde Australia para conocer a Kanae en 2011. Queríamos hacerle preguntas serias, pero no pretendíamos intimidarla. En retrospectiva, puedo ver por qué ella describe con humor nuestra charla con ella como "el interrogatorio". Era la primera conversación que tenía con sus suegros potenciales y, aunque no fuimos agresivos, queríamos asegurarnos de que su amor y su fe fueran lo suficientemente fuertes para mantener un matrimonio con nuestro hijo. Kanae estaba nerviosa ese día, como lo estaría cualquiera que por primera vez se sienta a hablar con sus suegros potenciales. No obstante, manejó nuestras preguntas con gracia, inteligencia y un nivel de madurez sorprendente. Entendimos de dónde provenía su fuerza interior cuando nos contó sus antecedentes familiares. Ella y sus hermanos, que habían crecido en México y hablaban español, eran conocidos como "la familia japonesa" en su pueblo natal porque eran los únicos niños que tenían rasgos asiáticos. Los padres de Kanae se divorciaron cuando ella empezaba la adolescencia, lo que ocasionó un torbellino familiar adicional. Su madre se fue de la casa y luego se mudó a Estados Unidos. Kanae y sus hermanos se quedaron viviendo con su padre y le ayudaban a dirigir el negocio.

A su padre, Kiyoshi Miyahara, le diagnosticaron leucemia cuando Kanae estaba en primaria y regresó a su natal Japón para recibir tratamiento cuando ella tenía catorce años. En ese punto, Kanae asumió el cuidado de su hermano menor y estuvo al frente del negocio de su padre mientras él se sometía a la quimioterapia.

Lamentablemente su padre murió de cáncer en Japón, lo cual llevó a Kanae y a sus hermanos a mudarse a Estados Unidos, donde se reunieron con su madre y otros parientes en la zona de Dallas. Su madre y una hermana mayor se unieron a una iglesia cristiana. Kanae comenzó a asistir y le entregó su vida a Jesús.

Mientras Kanae nos contaba elocuentemente su historia, Dushka y yo estábamos impresionados. Su delicada belleza y su temperamento dulce ocultaban una fuerza silenciosa. Su devoción hacia su hermano menor y sus planes de convertirse en enfermera nos mostraron que también tenía un espíritu entregado y un corazón generoso. Cuando le preguntamos por su fe, respondió con honestidad que pocas veces había ido a la iglesia católica de su madre cuando era niña porque trabajaba en el negocio de su padre y la religión no era un punto importante para la familia.

De adolescente, cuando vivía en México, había tenido una lucha de fe. Fue hasta que llegó a Estados Unidos y se unió al grupo de jóvenes cristianos de su hermana cuando Kanae encontró el camino que le dio paz y consuelo. Nos dijo que su fe recientemente encontrada la había llevado a Nick pues se habían conocido cuando él daba una charla a un pequeño grupo de amigos cristianos. Su relación estaba forjada en sus creencias espirituales compartidas.

Por convincente que fuera toda esta información, Dushka y yo le hicimos muchas preguntas a Kanae. Ella las manejó muy bien y se mantuvo firme. Kanae decía que, tras conocer a Nick, veía a sus ojos y a su corazón en vez de enfocarse en su falta de extremidades. Nos contó que había estado en el proceso de ruptura de un noviazgo largo con un chico cuya fe no era igual de fuerte que la suya. En nuestro hijo veía a un hombre que no sólo compartía sus creencias, sino que viajaba por el mundo para compartirlas con los demás.

Dushka, que tiene los modos prácticos y al grano de una enfermera veterana, siguió haciendo preguntas: "¿Entiendes por completo el impacto que tienen las discapacidades de Nick en su vida cotidiana?" "¿Estás preparada para estar con alguien que depende de una silla de ruedas, que no te puede ayudar mucho en la casa, que necesita ayuda para comer y para ir al baño?"

Kanae fue directa en sus respuestas. Nos sorprendió diciendo que ya había ayudado a Nick de muchas maneras, incluso levantándolo del suelo para ayudarlo a colocarse en la silla de ruedas. Lo sorprendente de eso es que Nick es un hombre sólido y pesa más de lo que parece. No podíamos imaginar que esa delgada joven lo ayudara a subirse a la silla de ruedas. Hasta para mí era difícil hacerlo.

Tal vez el punto decisivo en nuestra conversación con Kanae ese día fue su respuesta a otra pregunta difícil que le hizo Dushka. Los médicos nunca han identificado una razón médica, genética o ambiental de la falta de miembros de Nick. Varios nos han dicho que las probabilidades de que lo transmita a sus hijos son ínfimas. Sin embargo, Dushka y yo necesitábamos saber si Kanae estaba preparada para esa posibilidad y si tenía las bases espirituales para soportar una prueba de fe tan grande.

La pregunta que Dushka le hizo a Kanae fue: "¿Qué tal si Nick y tú se casan y tienen un hijo sin brazos ni piernas?" Kanae no titubeó en su respuesta: "Sé que puede haber una mínima posibilidad de eso, pero, aunque tuviera cinco hijos que nacieran como Nick, los amaría igual que lo amo a él. Si eso pasara, también sé que estaría mejor preparada que la mayoría de la gente porque Nick estaría ahí para servir como un gran ejemplo."

Sobra decir que Kanae nos ganó ese día. Si ése fue un interrogatorio, ella nos convenció de estar de su lado. Si nos quedaba alguna duda sobre que ella y Nick tuvieran una relación a largo plazo, se centraban en sus antecedentes familiares tan distintos. Esas dudas se disiparon unos meses después cuando fuimos con Nick y Kanae a la casa de su familia en Dallas.

Tal vez pienses que los australianos de origen serbio tienen poco en común con los norteamericanos de ascendencia japonesa y mexicana, pero te equivocas. La familia de Kanae aceptó a Nick como parte de la familia. Nosotros queríamos a Kanae. Y a todos nos gustaba reír, cantar y pasarla bien. Con todos esos lazos y nuestra fe cristiana común, pensamos que nada impedía que Nick y Kanae tuvieran una vida maravillosa juntos. Y ellos demostraron que estábamos en lo cierto.

Mientras escribía este libro, Kanae y Nick recibieron a su segundo hijo, Dejan. Es un niño sano e inquieto, como su hermano mayor, Kiyoshi, quien se llama así en honor al padre de Kanae.

Como dije antes, ver a nuestro hijo ahora con su esposa y sus dos hijos nos ha dado el círculo completo en nuestro viaje de fe. Casi todas las dudas, temores y preocupaciones que sacudieron nuestra fe cuando Nick nació se han disipado. Cuestionamos el amor de Dios hacia Nick. Cuestionamos si alguna mujer lo amaría y se casaría con él. Nos preguntamos si alguna vez nuestro hijo formaría su propia familia.

He escuchado que a veces estamos tan enfocados en pedir un milagro que no logramos reconocer los milagros que Dios nos da. En nuestro caso, hemos querido con tanta fuerza que Nick sane que hemos orado y orado (y seguimos haciéndolo) para pedir ese milagro. No obstante, con los años nos hemos dado cuenta de que Dios ha hecho muchos otros milagros. La maravillosa vida de nuestro hijo tiene muchos elementos milagrosos, desde su papel como motivador y vehículo hacia Dios para otras personas en todo el mundo hasta su matrimonio con Kanae y el nacimiento de sus hijos. Dios no ha sanado el cuerpo de Nick, pero sin duda alguna lo ha colmado de bendiciones y también a todos los que lo amamos.

No cabe duda de que ser padres será un reto para Nick y Kanae y ocasionará tensión en sus lazos matrimoniales, pero Dushka y yo tenemos mucha confianza en que nuestro hijo y su esposa seguirán viviendo una vida sin límites mientras sigan el plan de Dios. Quizá Nick y Kanae no puedan caminar tomados de la mano o del brazo, pero caminan juntos en la fe. Nuestras experiencias al criar a Nick nos enseñaron que, si pones tu confianza en Dios, Él te dará la fuerza que necesitas.

Ideas para llevar

- No hay por qué avergonzarse de cuestionar por qué un hijo tiene la carga de la discapacidad, la enfermedad o las heridas. Si no tuviéramos preguntas, no necesitaríamos la fe en nuestra vida. Tal vez nunca entiendas por qué tu hijo tiene esas aflicciones, pero puedes estar tranquilo de que no es un castigo para ti ni para tu hijo. Tu mejor opción es caminar en la fe, un paso a la vez, esperando que tú y tu hijo encuentren sentido en su viaje, como lo hemos hecho nosotros con Nick.

- Aceptar la sabiduría y el amor de Dios es un primer paso. El siguiente es poner tu fe en acción y darle a tu hijo cimientos sólidos de amor incondicional, una sensación plena de autovaloración y la certeza de que Dios no comete errores. Él ama igual a todos Sus hijos.

- Todos somos imperfectos porque nacimos en un mundo imperfecto. Dios conoce nuestros defectos y sabe que todos podemos sanar si lo ponemos a Él por encima de todas las cosas terrenales. En la Carta a los romanos 8:29 dice que: "Porque a los que de antemano conoció, también los predestinó a ser hechos conforme a la imagen de su Hijo, para que Él sea el primogénito entre muchos hermanos."

- Nadie espera que los padres estén agradecidos de que su hijo padece alguna discapacidad. No obstante, la mayoría de los padres que he conocido dicen que han experimentado muchas más bendiciones y gratitud de lo que pudieron haberse imaginado. Da la bienvenida a las bendiciones y a la gratitud y enfócate en dar a tu hijo la mejor vida posible.

- No te centres en lo desconocido ni en tus miedos por el futuro de tu hijo. Pídele a Dios que ame y proteja a tu hijo. Deja en Sus manos el control de la vida que creó mientras tú te enfocas en las cosas que están en tu poder.

- Siéntete en libertad de rezar para pedir milagros para tu hijo. Yo rezo por mi hijo, para que Dios le dé brazos y piernas de modo que pueda correr con sus hijos y abrazarlos a ellos y a su esposa. Lo deseo con todas mis fuerzas. No obstante, cuando veo a Nick con su esposa y sus hijos, viviendo al máximo el amor que se tienen, ya no cuestiono el plan que Dios tiene para él. Me asombro.

Sé que es para bien y agradezco a Dios que me ayude a ser más compasivo y comprensivo sobre lo que realmente importa en el mundo.

AGRADECIMIENTOS

*É*ste es el primer libro que escribo y ha sido una experiencia muy conmovedora y reveladora. Mi hijo ha escrito varios y ahora aprecio mejor todo lo que implica el proceso. Agradezco a mi esposa, Dushka, por ayudarme a refrescar y complementar mis recuerdos de la crianza de Nick, así como a Aarón y Michelle. Como siempre, Dushka me da un cimiento de amor, apoyo y fuerza.

También agradezco a todos nuestros hijos por su retroalimentación y su apoyo para este proyecto, así como por su amor constante e incondicional.

Para este proyecto, Nick me prestó al colega con quien escribe, Wes Smith, y aprecio mucho todo su trabajo, paciencia y persistencia. También agradezco a aquellos que me ayudaron a hacer realidad este sueño: mis agentes literarios, Jan Miller Rich y Nena Madonia de Dupree Miller and Associates, así como al equipo de edición de WaterBrook Multnomah, una división de Penguin Random House, entre quienes cabe mencionar a Tina Constable, Alex Field, Johana Inwood, Bruce Nygren y Laura Wright.

Más que nada, quiero agradecer a Dios: al Padre, a su Hijo Jesucristo y al Espíritu Santo, por bendecir mi vida con tanto amor y por haberme enseñado que todos los hijos son perfectos.

Por último, pero no menos importante, quiero agradecer a todas las personas que han orado por mí, por mi esposa y por mi ministerio y a todos los que nos han apoyado económicamente. Muchas gracias también por ayudarnos a alcanzar las metas de la fundación Life Without Limbs.

Benditos sean todos los que lean este libro. Rezo para que mis palabras abran su corazón y su mente de una manera fresca y dinámica, para que pongan su fe en acción e inspiren a otros a hacer lo mismo.

La experiencia de criar un hijo perfectamente imperfecto de Boris Vujicic
se terminó de imprimir en septiembre de 2016
en los talleres de
Litográfica Ingramex, S.A. de C.V.
Centeno 162-1, Col. Granjas Esmeralda, C.P. 09810, Ciudad de México